2016年广州会展业发展报告

Annual Report on Guangzhou Convention & Exhibition Industry Development 2016

广州市商务委员会
广州市社会科学院 编

广州新华出版发行集团
广州出版社
·广州·

图书在版编目（CIP）数据

2016年广州会展业发展报告/广州市商务委员会，广州市社会科学院编. —广州：广州出版社，2017.5
ISBN 978－7－5462－2507－4

Ⅰ.①2… Ⅱ.①广… ②广… Ⅲ.①展览会—产业发展—研究报告—广州—2016 Ⅳ.①G245

中国版本图书馆CIP数据核字（2016）第320659号

书　　名　2016年广州会展业发展报告
　　　　　2016 Nian Guangzhou Huizhan Ye Fazhan Baogao
出版发行　广州出版社
　　　　　（地址：广州市天润路87号9、10楼　邮政编码：510635
　　　　　网址：www.gzcbs.com.cn）
责任编辑　康　燕　陈洁仪
责任校对　蒋美秀
印　　刷　广州市怡升印刷有限公司
　　　　　（地址：广州市番禺区市桥横江　电话：020－84874837
　　　　　邮政编码：511400）
规　　格　787 mm×1092 mm　1/16
印　　张　12.5
字　　数　225千
版　　次　2017年5月第1版
印　　次　2017年5月第1次
书　　号　ISBN 978－7－5462－2507－4
定　　价　68.00元

2016年广州会展业发展报告
编辑委员会

目　录

综述篇

展览篇

会议篇

调研篇

区域篇

政策篇

附录

2016年 广州会展业发展报告

Annual Report on Guangzhou Convention & Exhibition Industry Development 2016

综述篇

广州市会展业发展综述

会展业是一个影响面广、关联度高的新兴服务行业，在拉动经济增长、调整产业结构、开拓国内外市场、扩大对外交流合作等方面的作用日益凸现，其发展水平成为衡量一个城市国际化程度和资源配置能力的重要标志。广州会展业的发展条件得天独厚，发展历史源远流长。从海上“丝绸之路”的始发港，到十三行时期的对外贸易，再到新中国成立后的广交会，广州会展业的重要地位和影响力一直延续至今。改革开放以来，广州会展业取得了长足发展，在城市经济与社会发展中的地位越来越重要。“十三五”期间，广州积极推进“三中心一体系”的城市发展战略，近期更是创新性地提出要建设“枢纽型网络城市”，而会展业作为城市与外部联系的桥梁、窗口和平台，必将在新时期广州城市发展中发挥更加重要的作用。近两年，着眼于提高会展经济发展水平，建设具有全球影响力的会展中心，广州市继续加大对会展业的扶持力度，努力优化会展营商环境，促进会展业持续平稳健康发展，取得了显著的发展成效。

一、广州会展业发展现状与特点

（一）会展经济增长加快，显示出较强拉动效应

会展经济整体表现平稳，增长步伐有所加快。2015 年广州市会展业增加值 51.96 亿元，同比增长 3.4%，增速比上年提高了 2.2 个百分点。2016 年全市会展业景气程度继续回升，全市主要会展活动经营收入、会展企业经济效益普遍实现增长，特别是广交会等大型展会发展势头良好，有力地推动了全市会展经济增长。总体上看，近两年广州会展经济增长步伐有所加快，呈现出良好的发展势头。

显示出较强拉动效应，与关联行业共赢发展。近两年广州会展业有效拉动了住宿餐饮、交通运输、批发零售、旅游、广告等相关服务产业的发展，

显示出较强的拉动效应，与关联行业形成了共赢发展的良好局面。用外地采购商及参观者接待人次来度量拉动效应，拉动效应排名前十位的展览类别依次为旅游类、机电产品及设备类、综合类、化妆品类、汽车类、食品饮料烟酒类、其他服务类、家具类、日用品类和艺术类。近两年会展来宾在穗消费保持平稳，会展活动对全市旅游消费的拉动作用明显。2015 年会展业拉动的旅游消费达 226.85 亿元，拉动旅游外汇收入 12.22 亿美元。2016 年全市重点场馆接待参展参观参会人次共计 1490.50 万人次，同比增长 11.3%，会展业拉动效应进一步增强。

（二）会议业快速发展，国际化水平显著提升

接待会议参会人次快速增长。近年来广州把打造高端国际会议目的地城市作为落实全市中心工作的重要举措之一，持续优化会议业发展的软硬件环境，主动承接和吸引各类高端国际会议，巩固与提升了广州作为华南国际会议中心的地位。2016 年全市重点场馆[①]共举办会议 7114 场次，同比减少 5.4%；接待参会人员 132.47 万人次，同比增长 16.9%。其中，接待境外参会人员 2.49 万人次，同比大幅增长 82.7%。

会议级别和国际化水平显著提升。2016 年全市重点场馆举办 100 人以上高端会议 1852 场次，同比增长 21%；接待参会人员 95.75 万人次，同比增长 37.1%。广州市加大了高端国际会议的引进和培育力度，一系列高端国际会议在广州成功举办。近两年广州成功举办了亚洲相互协作与信任措施会议特别工作组和高官委员会会议、中美商贸联委会、第 10 届城市发展和规划大会、G20 峰会第二次协调人会议、中国—海湾阿拉伯国家合作委员会自贸区第七轮谈判、2016 年世界经济论坛商业圆桌会议、广州国际城市创新大会等一系列高端国际会议。涉及众多主题的国际会议给广州带来了层级高、专业性强、辐射面广的优质国际资源，助力广州加快提升会议业国际化水平，打造国际会议目的地城市。

①重点场馆包括中国对外贸易中心、广州中洲国际商务展示中心、广州白云国际会议中心、保利世贸中心、流花馆、南丰汇国际会展中心、广州艺术博物院、东方宾馆、中国大酒店、花园酒店、广州首旅建国酒店、广州鸣泉居度假村、广州大厦、广州香格里拉大酒店等。

（三）展览业稳中有升，竞争力持续增强

展览业稳中有升。广州市通过切实加大引进和培育力度，调高财政会展资金支持额度，发挥专项资金引导作用等措施，保有存量，扩大增量，促使展览业继续保持平稳增长态势。2016 年全市重点场馆共举办展览 538 场次，展览面积 896.48 万平方米，分别比上年增长 11.6% 和 4.0%。接待参展参观人员的数量也显著增长，全市重点场馆共计接待 1358.03 万人次，同比增长 10.8%。2016 年 10 月，广州获得商务部中国会展经济研究会授予的“中国最具竞争力会展城市”称号，反映了广州展览业影响力持续提升。

品牌展览继续做大做强。近年来广州品牌展览持续做大做强，起到了行业“风向标”和“晴雨表”的作用，提升了行业整体竞争力，成为广州会展业的中流砥柱。广交会单展面积继续稳居世界第一，2016 年采购商人数和出口成交额止跌回升（如图 1 所示）；广州国际照明展览会、中国（广州）国际家具博览会、中国（广州）国际建筑装饰博览会、广东国际美发美容化妆用品进出口博览会、广州国际酒店设备用品展览会等展会规模继续保持世界同类展会第一；中国（广州）国际汽车展览会、中国（广东）国际旅游产业博览会等大型展会在原有基础上进一步做大做强。

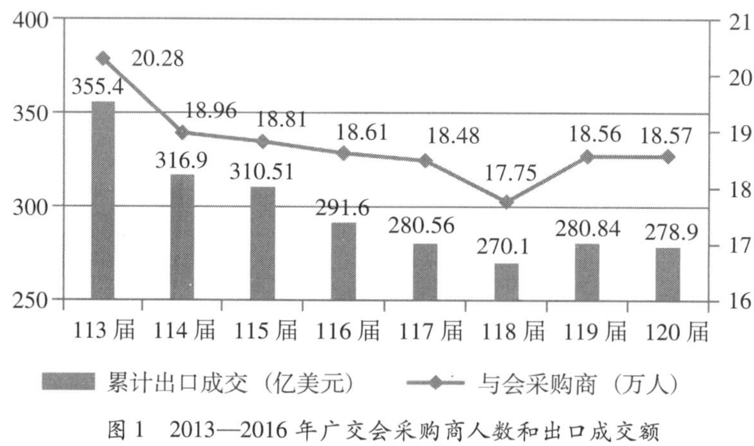

图 1　2013—2016 年广交会采购商人数和出口成交额

（四）“引进来”与“走出去”联动，会展业日趋国际化

国际化水平显著提升。随着广州市会展营商环境日益完善，在继续吸引

国内外商家、机构来穗参展、办展或参会、办会的同时，广州把“引进来”与“走出去”结合在一起，促使会展业国际化水平显著提升，国际影响力进一步增强。2015 年全市主要展览汇集了境外参展商 1.02 万家，同比增长 12.8%；境外参展商累计参展面积 50.88 万平方米，同比增长 15.8%。全市成功举办 56 场国际性展览，同比增长 1.8%，占主要展览总场次的 20.0%。另外，全市机构到市外和境外办展 55 场次，其中市外办展 46 场次，境外办展 9 场次。

“引进来”取得重大进展。国际会展巨头看好广州市会展业发展前景，纷纷来穗设立区域总部或举办展会。例如，全球最大的活动策划和服务供应商法国智奥（GL Events）与广州越秀集团正式签订合作协议，共建越秀国际会展中心，法国智奥中国总部也将落户广州。VNU 欧洲展览集团上海万耀企龙展览有限公司，将全球最顶尖的观赏鱼及水族器材展览会——AQUARAMA 第十五届国际观赏鱼及水族器材展览会与广东国际水族展合并移师广州。慕尼黑博览集团也积极参与广州会展业发展，在穗举办“广州国际环保展览会暨创新创业大会”和“华南（广州）先进激光及加工应用技术展览会”。

“走出去”步伐加快。2016 年 6 月广州市企业组团参加在德国奥芬巴赫地区举办的第一届“中国品牌箱包欧洲展”（CHINA BAGS SHOW），成为广州市第一次境外自办展览，推动广州传统优势产业以展促贸，开拓国外市场。广州企业积极参加广东（印度尼西亚）商品展览会、2016 中国消费品（俄罗斯）品牌展、2016 粤澳名优商品展销会等重点境外展，推动精品广货走出去。广州市商务委赴德国、意大利和法国开展会展业推介招商工作，与慕尼黑国际博览集团、米兰国际展览公司、国际展览业协会（UFI）全球总部等会展企业或机构座谈交流，拓展会展业国际合作商机。2016 年成功举办“2016 澳门·广州缤纷产品展”，为穗澳两地在会展业与文化创意、跨境电商等领域深入合作夯实基础。

（五）融合发展态势明显，服务创新不断涌现

“会展 + 互联网”蓬勃发展。顺应“互联网 +”发展趋势，近年来广州市会展企业大力发展线上电商平台，目前大多数品牌展会都拥有了线上平台，在一定程度上突破了传统实体展会的时间和地域限制；同时努力推动线上线下的有机融合，催生线上线下互动的会展新模式，为买家和参展商提供更多的便利和选择。以广交会为例，2015 年广交会开始实施“广交会 + 互联网”

计划，目标是将实体展会打造成为一个“专业、智慧、绿色的中国外贸发展第一促进平台”。广交会通过搭建电商平台，线上打造全年不落幕的网上广交会，线下提供移动商务和精准导流，更加有效地为买卖双方提供全面、精准的信息匹配服务，并逐步延伸跨境贸易的全产业链服务，让跨境贸易越来越便捷。另外，阿里巴巴、腾讯、复星、唯品会、国美、小米、YY、环球市场等大型电商巨头纷纷进驻琶洲互联网创新集聚区，推进广州会展业与互联网更加紧密地融合。

展会互动方兴未艾。近年来广州大力推进展览与会议融合发展，以展带会，以会促展，延长会展产业链，实现展览与会议、节事活动协同发展。不少展览项目利用品牌影响力，采用“专业展+专业会”的模式，创设或配套召开相关论坛或专业会议。例如，第120届广交会大力推动展会互动，设有各类精彩论坛23个，覆盖行业峰会、国际市场、设计创新、品牌营销、潮流趋势和扶持研发等诸多题材。其中设计创新方面，广交会创办产品设计与贸易促进中心（PDC），举办出口产品设计奖（CF奖）评奖活动，引导企业向“微笑曲线”两端延伸，助力培育外贸竞争新优势。再如，第四届中国（广州）国际金融交易·博览会，注重打造高端论坛品牌，共举办了12场论坛，海内外一线经济金融专家、业界精英齐聚广州，为广东、广州金融改革创新发展献计献策。这些论坛的成功举办，对于把金交会打造成为具有国际影响力的金融会展和论坛品牌，起到了积极的促进作用。

会奖旅游商机初显。近年来广州着眼于强化国际商贸中心和国际交往中心功能，更加重视发展会奖旅游，积极促进会展与旅游融合发展。通过接待国内外考察团、在刊物上发布宣传资料等多种渠道，广泛宣传广州市的展览、会议、展会设施、酒店、景区、旅行社等会奖资源。政府还加强了规划引导，制定了《广州市促进会奖旅游产业发展工作方案》。这些措施有助于整合与挖掘广州会奖旅游资源，增强了广州作为国际会奖旅游目的地的影响力和竞争力。近两年广州会奖旅游开始发力，会展与旅游融合发展态势非常明显。以第117届广交会为例，交易会来宾在穗停留期间，除参加交易会外，还参加了商务（62.5%）、会议（21.3%）、其他（18.0%）、观光旅游（15.5%）、其他展览（8.6%）、探亲访友（7.4%）、休闲度假（4.3%）等活动。①

①数据来自问卷调查结果，广州市统计局于2015年4—5月对1139名参加第117届中国进出口商品交易会的国内外来宾进行了问卷调查。

服务创新不断涌现。随着信息技术不断向广州会展业渗透，不仅催生了数字会展等会展新业态，而且推动服务创新不断涌现，极大提升了会展业的服务水平。最为典型的例子就是第120届广交会推出的采购商App，实现了线上搜索产品、展位导航、实时报价和洽谈业务等功能。通过采购商App，采购商可以不受场合和时间限制，随时随地完成采购需求发布、询盘等操作。即使回国，也依然可以在线上与中国企业进行接洽。该App具备“私密商品授权可现”和“精准匹配推送”两大功能，只有具备真实采购意向的海外买家才能第一时间获取中国企业的最新产品动态，从而大幅降低了专利外泄、设计被抄袭模仿的可能。由于能为采购商带来更强大、更便利的服务，第120届广交会开幕当天，这个全新的采购商App就迅速走红，截至2016年10月31日，已经被下载1.8万次，累计访问量超过5万次。

（六）系列政策措施适时出台，会展营商环境持续优化

近两年广州市围绕“三中心一体系”和枢纽型网络城市建设，将会展业列入战略性主导产业重点支持目录，主管部门坚持统筹协调、宏观规划和引导促进，在务实服务产业发展的同时，制定和实施了一系列政策措施，持续优化会展营商环境，着力打造具有全球影响力的国际会展中心城市。

超前谋划会展业政策配套，加强产业发展规划引导。近年广州市政府常务会议审议通过了《广州建设国际会展中心城市发展规划（2013—2020）》，提出会展业发展的“两步走”战略，推动广州会展业实现“三年品质提升，八年国际一流”，为广州会展业发展指明了方向。为加强战略谋划，广州商务委起草了《我市会展业发展情况及下一步工作措施建议的报告》。按照2016年7月全市会展经济工作会议精神，相关部门、企业联动，共同推动全市会展业空间布局优化及配套工作。为进一步理顺全市会展业管理体制，将设置会展业专门管理机构工作提上议事日程，研究机构职能设置、人员编制等问题，积极探索会展业集中管理体制与具体做法。

加大会展业资金扶持力度，并适时调整扶持方向与重点。2016年广州市在商贸流通业发展资金中安排会展专项资金1500万元，重点扶持在广州市举办的影响大、效益好、国际化程度高的优质会展项目和具备发展潜力的新兴题材展会。组织近千家企业开展广东省出口企业开拓国际市场专项资金申报工作，收集并向省商务厅报送参加境外展资金申请金额超过3000万元，支持广州会展企业、外贸企业拓展国际营销网络。提供中小企业参展补助近1000

万元，扶持中小企业开拓国际市场。另外，借助省、市两级会展相关财政资金，奖励扶持46个会展平台及展会项目，进一步引导提升会展业的国际化、专业化程度。

加强城市会展业整体营销，提升宣传推介实效。制作会展业宣传短片，在城市黄金商圈的大型电子公共信息屏播放，营造城市会展氛围。征集知名会展企业、优质会展项目的资料，对广州优秀会展企业和会展项目进行系统性的宣传推广。出版《广州会展业发展白皮书》，反映广州会展业发展成效，为社会各界了解广州会展业提供重要载体。策划举办2016全球会展（广州）圆桌会议，吸引150多名来自国内外的业界代表参会，提升了广州会展品牌在海内外的美誉度。充分利用第四届中国（北京）国际服务贸易交易会中国国际会奖业洽谈会、2016年度中国城市会展业竞争力指数发布会暨高端论坛、“会展人大会·2016”等国内高端交流活动平台作用，推介广州会展业发展环境及前景规划。在京组织举办广州全球会展（北京）推介会，落实了“2017中国橡胶年会暨中国橡胶工业展”“第15届中国国际聚氨酯展览会”等会议和展览项目在广州举办。

做好务实服务工作，“一展一策”推动展会发展上水平。指导并协助中国（广州）国际专业灯光、音响展览会、中国（广州）国际汽车展览会等品牌展会申报商务部年度引导支持展会，努力为广州品牌展会争取到政策、资金、宣传等方面的支持。积极参与广州国际眼镜展的筹办工作，帮助本土展会不断发展壮大。实地走访一批有发展潜力的、展览面积预期可突破5万平方米的展会，如铝门窗幕墙展、中国（广州）国际茶业博览会等，实地了解展会发展现状及发展瓶颈，“一展一策”推动展会发展上台阶。积极与商务部协调推进，做好广交会广州交易团组织工作，并于第119届、第120届广交会期间与外贸中心共同举办广交会进口展区澳洲特色产品发布仪式暨跨境电商专场洽谈会、中韩设计“新技术新材料”高峰论坛及“一带一路，聚焦印度”活动，进一步增强了广交会龙头带动作用。

二、世界会展业发展的格局和新趋势

（一）全球和中国会展业发展概述

1. 全球会展业发展概述

在全球会展业发展格局中，欧美是国际会展业最为发达的地区，其中德国和美国是当之无愧的全球两强，英国、法国、意大利等国凭借一流的展馆和服务系统、专业展、特色展，以及国际交流传统也成为全球知名的会展大国。随着亚太地区经济持续繁荣，新兴经济体迅速发展，而欧美国家经济主导地位逐渐下降，全球会展格局也随之发生变化。当前中国、日本、新加坡、阿联酋等国家凭借发达的基础设施、巨大的市场潜力、高水平的国际开放度和有利的地理优势，成为亚太地区的会展大国和会展强国。其中，中国会展业规模快速扩张，成为全球会展业发展的新引擎。全球会展业的发展轨迹，呈现出明显的由发源地区向全球范围阶梯扩散的趋势：欧洲发源地区（德国、法国、英国、意大利）—北美地区（美国、加拿大）—亚太发达地区（日本、新加坡、中国香港）—新兴国家或地区（包括中国在内的新兴国家）。至此，全球会展业形成了多层次多中心的发展格局。

2. 中国会展业发展概述

我国会展业凭借强大的产业基础和广阔的市场空间，近年来继续保持较快的增长速度，仍然是全球会展业的增长亮点。目前全国已经形成了五大会展经济带，即以北京、天津为中心的环渤海会展经济产业带，以上海、杭州、南京等城市为龙头的长三角会展经济产业带，以广州和深圳为龙头的珠三角会展经济产业带，以武汉、郑州、成都、昆明等城市为龙头的中西部会展经济带和以大连、哈尔滨等城市为中心的东北会展经济产业带。从区域结构看，东部地区会展经济的规模和水平在全国占有绝对优势，而中西部地区增速较快，占比有所增加。

（二）全球会展业发展新趋势

1. 专业化趋势

随着竞争不断加剧，越来越多的会展企业开始朝专业化方向发展。专业化主要包括三个方面的含义，一是会展主题的专业化，二是工作人员和服务的专业化，三是会展运作模式的专业化。最典型的例子当属德国汉诺威，其办展的主要形式早已从综合性展览转向专业性展览，展览公司针对不同规模、不同行业的展会提供展台搭建、展品运输等专业化服务。近年来世界主要组展商输出的品牌展会大多是专业性展会。例如科隆展览公司在中国举办的16个品牌展会中，除哈尔滨农业博览会和中国国际五金展外，其余均为专业展；再如励展集团在中国举办的52个展会中，40个为专业展。

2. 融合化趋势

近年来会展与商贸、文化、旅游等产业融合趋势明显，会展活动正在从传统的单一展示向集商务洽谈、展会参观、旅游观光、文化娱乐等功能于一体的方向转变，形成“一业为主，多元经营”的融合化发展格局。例如，拉斯维加斯会展业通过与其他行业融合发展实现业态创新，即在同一建筑空间中开展会展、餐饮、宾馆、娱乐、商场、旅游观光等多种商业活动，各种商业活动相互补充、相互促进，不仅满足了会展顾客的多样化和便利化需求，而且减少了无展会期间的展馆闲置成本，提高了会展经济的综合经济效益。再如，会奖旅游是展览、会议、旅游等产业深度融合发展的产物，具有产业链长、成长性强、产业带动能力大等特点，近年来发展很快，市场前景十分广阔。

3. **国际化趋势**

由于欧美会展业已经相当发达，产业发展空间已经接近饱和，国际会展巨头因此不再满足于本地市场，而是纷纷把目标投向海外，积极争取境外参展者、与会者和合作者，在全球范围配置资源、谋求发展，推动全球会展业日趋国际化。跨国会展机构越来越重视对发展中国家市场，尤其是中国市场的开拓，除了不断提高境外办展频次之外，还通过设立企业、共建场馆、合作办展等方式，积极参与中国会展业发展。例如，德国的汉诺威展览中心、慕尼黑展览中心、杜塞尔多夫展览中心在上海共同成立德国国际展览有限公司，德国斯图加特展览公司在南京设立合资公司，英国励展博览集团进军郑州，全球最大的活动策划和服务供应商法国智奥将中国总部落户广州，并与广州越秀集团共建越秀国际会展中心。

4. **集团化趋势**

随着经济全球化程度加深，会展企业在很大程度上摆脱了空间限制，可以直接利用全球资源和全球市场，同时也要应对全球竞争，新的形势要求会展企业创新组织形式顺应全球化趋势。越来越多的企业开始从竞争走向合作，结成战略联盟进行优势互补，以提高整体竞争力，推动全球会展业呈现出集团化发展的趋势。以法国会展业为例，近年来出现了兼并重组、强强联合等集团化发展潮流，促使产业集中度显著提升。目前法国爱博展览集团、博闻集团、巴黎展览委员会、励展集团等几家大型展览公司，它们的产值占到法国展览业总产值的2/3。

5. **智能化趋势**

随着新一代信息技术向会展业深度渗透，“智能会展”成为“互联网+”时代会展业的一种新的发展趋势。会展智能化发展主要体现在：一是实现布

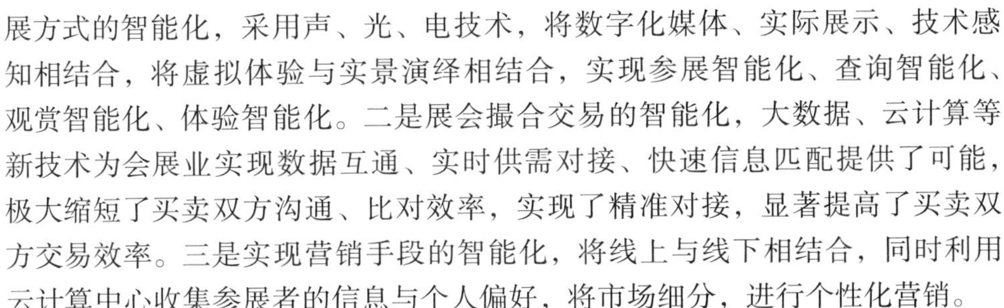

展方式的智能化，采用声、光、电技术，将数字化媒体、实际展示、技术感知相结合，将虚拟体验与实景演绎相结合，实现参展智能化、查询智能化、观赏智能化、体验智能化。二是展会撮合交易的智能化，大数据、云计算等新技术为会展业实现数据互通、实时供需对接、快速信息匹配提供了可能，极大缩短了买卖双方沟通、比对效率，实现了精准对接，显著提高了买卖双方交易效率。三是实现营销手段的智能化，将线上与线下相结合，同时利用云计算中心收集参展者的信息与个人偏好，将市场细分，进行个性化营销。

6. **群落化趋势**

伴随展会细分和专业化发展，以多展联动为特征的展会群落化现象日益显现。一是“母展+子展”，即将原有展会的专业展区提升为另一个展会，以进一步细分市场，实现相关产品的多元化延伸。如汉诺威国际物流展以及移植到中国的动力传动与控制技术展、新能源与电力电工展、工业自动化展、数控机床展等，都是从汉诺威工博会的展区发展而来的。二是“主展+配套展”，即围绕品牌大展，同期同地举办产业链上下游的配套展会，以创造协同共赢效应。如在意大利米兰供暖、空调、制冷、再生能源及太阳能展览举办期间，还举办国际酒店餐饮业展览。三是“姐妹展+异地展”，即在不同时期、不同地区举办题材相似的品牌展会，最大限度地抢占国际市场。如慕尼黑展览公司在德国和中国交替举办国际工程机械及配件展览会，法兰克福展览公司旗下的国际消费品展于每年6月、7月、9月依次在日本、美国、俄罗斯举行。

7. **生态化趋势**

德国最早将循环经济理念引入会展业，大力推进会展业向绿色生态化方向发展。会展业的绿色生态化主要体现在以下三个方面：一是注重会展场馆的生态化设计，从场馆选址、建筑材料选择到内部功能分区，都尽量突出生态化特色。二是大力倡导绿色营销理念，会展企业对外宣传时更加强调自身的生态特色和环保理念。三是强化环境保护意识，注重节能降耗和三废处理，推行绿色特装布展，提高环保材料使用率，降低水、电、气等资源和能源消耗。例如，广交会从2013年开始推行《广交会绿色展览的计划》，主办方对绿色参展、绿色会议、绿色布展、绿色撤展都提出了相关的措施和计划。

三、广州会展业的发展意义、机遇和挑战

（一）战略意义

1. 有利于增强广州全球资源配置能力

广州市第十一次党代会提出："要巩固和提升广州国家重要中心城市地位，提高全球资源配置能力，在全球城市体系中扮演更加重要的角色。"全球资源配置中心在城市网络中充当对科技、商业、物流、知识、信息、服务等资源进行配置的"枢纽"，处在全球供应链、创新链和价值链的高端。一个城市的品牌展会往往吸引了全球范围的参展商和参观人员，成为行业间、区域间和国家间交流与合作的重要桥梁纽带，有助于商品、技术、信息、资本、人才的国际流动，促进了全球资源的有效配置。因此，广州建设国际会展中心，能有效提高广州整合全球高端资源的能力，提升国家中心城市集聚辐射功能，助推广州建设有世界影响力的资源配置中心。

2. 有利于强化广州国际交往中心功能

随着经济和社会全球化的发展，城市作为政治、经济和社会活动的重要场所，日益成为全球交往网络的关键节点。国际交往中心是指在国际交往中具有一定影响力，在全球或区域发挥重要交往平台作用的城市。而会展业是城市的对外窗口，能够吸引来自国内外的大量来宾，这本身就是城市对外交往能力的具体体现。一个城市举办展览和会议的规模和数量，很大程度上代表了该城市经济、文化、科技等诸多方面的实力，也是衡量该城市国际交往能力的重要指标之一。广州建设国际会展中心，加快会展业尤其是高端国际会议的发展，能够促进广州与世界在政治、经济、文化等方面的相互往来和交流，发出广州声音，提升城市活力，扩大对外开放，从而有助于强化广州国际交往中心功能。

3. 有利于提升广州城市知名度和美誉度

国际经验表明，会展业和城市品牌形象具有较强的互动效应，国际知名品牌展会往往成为一个城市的特有标签。通过举办展会，除了向来宾提供高水平的展会和配套服务之外，还能向来宾展示经济发展成就、人文社会风貌、生态环境质量、城市管理水平等一系列城市形象要素。大量国内外商家和消费者来穗参展参观，切身感受到近年来广州的巨大进步，会对广州产生良好

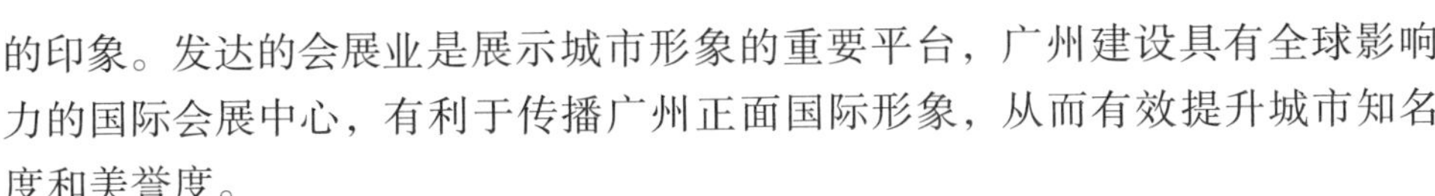

的印象。发达的会展业是展示城市形象的重要平台，广州建设具有全球影响力的国际会展中心，有利于传播广州正面国际形象，从而有效提升城市知名度和美誉度。

4. **有利于促进广州市产业结构转型升级**

作为行业“风向标”和“晴雨表”，各类展会反映了行业发展的最新动态及未来发展趋势，能够为企业产品调整和资本投资指明方向，在产业层面上表现为供给侧结构的调整优化。同时，会展业具有强大的辐射和带动作用，通过汇集商品信息、传播先进理念、引导消费潮流等方式，能够从需求侧带动相关行业，特别是战略性新兴产业的发展。因此，会展业能够从供给侧和需求侧两个方面推动产业结构转型升级。另外，会展业本身就是现代服务业的重要内容，而且还能拉动其他关联服务业发展。在新的发展阶段，广州大力发展会展业，还有利于实现“地区生产总值中服务业占比70%、服务业产值中现代服务业占比70%”的战略目标。

（二）迎来新机遇

1. **各级政府重视与支持为广州会展业发展创造良好环境**

国务院印发的《关于进一步促进展览业改革发展的若干意见》，首次全面系统地提出我国会展业发展的战略目标和主要任务，对进一步促进展览业改革发展做出全面部署，是我国迄今为止关于会展业最系统、最具战略性、最具前瞻性的纲领性文件。2016年4月1日，广东省政府印发了《广东省进一步促进展览业改革发展实施方案》，提出了广东省的展览业发展目标：“到2020年，基本建成结构优化、功能完善、基础扎实、布局合理、发展均衡的展览业体系”，并从深化管理体制改革、推动创新发展、优化市场环境、加强政策支持和引导、完善公共服务体系等方面做了明确的部署。国家和广东省对会展业改革发展的重视及相关政策措施的出台，为广州会展业发展创造了良好的政策环境，也为广州会展业政策的制定与实施提供了依据。

2. **供给侧结构性改革为广州会展业转型升级提供强大动力**

在国家深入推进供给侧结构性改革的背景下，会展服务的供给是否满足市场需求、是否有效率、是否可持续发展，这些都是谋求会展业发展不容回避的问题。供给侧结构性改革要求会展业不断地提高展会的质量和效益，完善宣传推介、信息交流、展览展示、交易洽谈、开拓市场等多种功能，真正成为市场的对接平台；要求通过专业化运作，提高运行效率，真正发挥产业会展对经济转型、产品升级和产业优化的促进作用；要求会展业创新体制机制、商务模式，提高服务水平，更好地发挥全方位对外开放平台作用，在更高层次上运用两个市场、两种资源。无疑，国家推进供给侧结构性改革，对会展业来说是一次转型升级的绝佳机遇，广州应抓住契机，深入推进会展业供给侧结构性改革，打造更加优质高效的展会平台，进一步提升会展业的质量和水平。

3. **“一带一路”战略为广州会展业国际化发展带来重大机遇**

“一带一路”战略不仅重视中国与沿线国家的贸易往来和经济合作，同时也注重与沿线国家开展政治对话、人文交流和科技等领域的合作，这种全方位的对外交流合作为会展业国际化发展带来了新契机。数据显示，我国赴“一带一路”国家的展会数量和规模都呈现一个快速上升的趋势。① 2016 年我国共赴 32 个“一带一路”沿线国家办展 602 项，比上年增加 83 项；展出总面积为 30.2 万平方米，增加 7.3 万平方米；参展企业为 2 万家，增加 4000 家。广州作为海上丝绸之路上的千年商都，既拥有广阔的经济腹地和广泛的区域经济合作基础，又是内陆与海上丝绸之路沿线国家的连接枢纽，在“一带一路”战略建设中拥有独特的地位。随着国家“一带一路”战略的推进和实施，广州会展业国际化发展将迎来更多机遇，广州应抓住战略机遇，加快会展业“走出去”和“引进来”的国际化进程。

4. **全球会展业转移为广州引入优质会展资源提供有利契机**

国际金融危机以来，欧美发达国家经济增长普遍表现低迷，而以中国为代表的发展中国家或地区显示了较好的增长势头。随着世界经济多极化和经济全球化的深入发展，世界经济重心正在由欧美发达地区向新兴发展中国家或地区转移。与全球经济转移的方向一致，会展业也逐渐由欧美国家向新兴国家转移，这就为广州在世界范围内选择引入优质会展资源提供了有利契机。广州是我国重要的中心城市，地处中国经济最为活跃的珠三角地区，优越的地缘环境、雄厚的经济实力、发达的商贸流通、便捷的交通体系和先进的会展设施都为广州承接全球会展业转移，建设国际会展中心城市提供了持续、稳定、高效的物质基础。

（三）面临新挑战

1. **经济新常态带来的挑战**

当前，中国经济进入“新常态”，表现出“中高速、优结构、新动力、多

①数据来自《中国展览业发展报告 2016》。

挑战”四大特点。随着经济增长放缓，绝大多数行业均将告别高速增长。我国会展业经过20多年的高速发展，也出现了与中国经济新常态相呼应、相一致的中国会展新常态。会展业“新常态”特征可以概括为增速减缓、结构优化、竞争加剧、管理细化。从区域来看，除了上海会展业得益于国家会展中心产生的虹吸效应而快速增长以外，以珠三角、京津冀会展经济带均告别了多年来两位数的高速增长，进入中高速平稳发展的阶段。在中国经济进入新常态的背景下，广州会展业要取得较快的发展速度，需要打破思维定势，创新体制机制，从新的视角谋划会展业发展，无疑这是一种极具挑战性的考验。

2. 城市激烈竞争带来的挑战

近年来，城市间的会展业竞争越来越激烈。广州会展业发展不仅面临着北京、上海、天津等城市的竞争压力，也面临着深圳、香港等近邻城市的竞争。2015年上海国家会展中心全面投入使用以来，对会展活动产生了较强的吸引力，北京、广州、深圳等地的部分品牌展览移师上海。例如，曾在广州举行了33届的中国（广州）世界家具博览会把2015年秋季展转移到上海虹桥国家会展中心。同时，天津也正在建设国家会展中心，其规模与上海国家会展中心相当。建成后，以北京、天津为中心的环渤海会展经济产业带的辐射力和影响力将进一步提升。另外，深圳规划50万平方米的国际会展中心项目已于2016年正式开工，2018年首期展馆将投入使用。届时，广州会展业面临的压力和挑战将更加严峻。

四、促进广州会展业发展的对策措施

近两年广州国际会展中心建设取得了长足的进步，会展业在城市经济和社会发展中的作用越来越重要。然而，广州会展业在发展过程中也存在一些问题，例如国际性会议的发展短板明显，专业展览发展水平相对较低，会展设施亟待提升，来宾对广州市会展业及相关服务的评价有所降低等问题。对上述问题应当引起高度重视，厘清发展思路与努力方向，采取有针对性的对策措施，努力提高会展经济发展水平，将广州打造成具有全球影响力的国际会展中心。

（一）发展战略

1.“企业主导＋市场运作”战略

以企业为主体是市场化的重要特征，推动会展业的专业化、品牌化和国际化进程的主体，必然是企业。全球50强会展举办单位中有80%以上属于公司性质，亚洲十大展览主办单位中有7家企业。近年来我国正在着力推进会展业去行政化改革，政府主导的会展经济活动将越来越少，由企业主导主办、市场化运作的展会比例将越来越高。广州应当顺应这一趋势，坚持实施市场化战略。政府部门应减少直接办展频次，通过加强对会展业的规划引导，适当加大财政支持力度，规范市场秩序和保护知识产权等手段，创造适宜的会展营商环境，培育一批具有较强实力的民营会展企业，提升会展主体的整体实力。

2. **“互联网+新型会展”战略**

当前互联网与会展业融合的趋势明显。互联网不仅推动传统展会从线下走向线上，也深刻改变了传统展会的服务模式和服务手段。不仅如此，互联网还在不断地催生会展新模式和新业态，而且新模式、新业态的发生频率在加快，周期在缩短。在此背景下，广州会展业要在新一轮发展中赢得先机，继续保持全国领先地位，就必须主动拥抱互联网，深入实施“互联网+”战略，加快新一代信息技术在会展业的推广应用，培育发展新型会展模式，同时促进传统展会转型升级。

3. **“专业化+品牌化”战略**

从法兰克福、汉诺威等知名国际会展中心城市的发展情况看，当前这些城市已不再追求展会的展出面积和举办场次等规模指标，而是更加注重展会品牌、服务品质和专业化程度，通过走专业化、品牌化道路，不断提升专业品牌展会的行业影响力。随着国内外会展业竞争加剧，专业品牌展会已成为国际会展城市竞争的重要砝码。虽然广交会品牌在世界有很高的知名度，但总的来说，国际性的品牌展会少、专业程度低仍是广州会展业发展面临的核心问题。实施“专业化+品牌化”战略，在继续提升广交会等综合性展会品牌的同时，应重点打造专业品牌展会，推进专业化、品牌化进程，这是广州会展业发展的必然选择。

4. **“引进来+走出去”战略**

国际会展中心的重要发展趋势之一就是国际化，汉诺威、米兰、巴黎、伦敦等城市都拥有高度国际化的会展业。虽然近年来广州会展业国际化程度不断提升，但与知名国际会展中心城市相比，国际化水平还有很大提升空间，加快国际化进程仍是一项重要任务。广州应全面实施会展业“国际化”战略，大力支持会展企业“引进来”“走出去”，通过努力引进国际性品牌展会，积

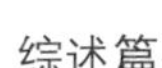

极申办各类国际会议或高端论坛，增加国际认证的企业和展会数量，助力企业开展境外展，深耕“一带一路”等新兴市场等举措，努力提升广州会展国际化水平。

（二）政策措施

1. 加大投资力度，完善会展场馆及配套设施

场馆是会展活动最重要的基础设施和舞台，完善的会展场馆设施在会展中心城市的形成与发展过程中发挥着不可替代的重要作用。足够的展馆面积、合理的展馆结构、便利的交通、方便的通信，同时辅以高科技手段，这已成为举办现代会展活动的必备条件和重要支撑。例如汉诺威和拉斯维加斯，不仅拥有众多的展馆和充足的展览场地，甚至同一个场馆中可以集会展、餐饮、娱乐、大卖场等为一体，能为众多展商和参观人员提供全方位服务。广州应借鉴国内外先进经验，紧紧围绕建设国际会展之都的目标，推进场馆及配套设施建设，继续保持国内领先的会展硬件和软件水平。近期应要积极推动越秀国际会展中心、琶洲互联网创新集聚区及会展物流轮候区 PPP 等项目的顺利实施。支持尽快盘活流花展馆，将流花展馆打造成为以新型会展经济为引领的现代商贸综合体。由广州市商务委会同海关、检验检疫局等相关部门，探索进一步优化海关商检服务国际展览的相关措施。

2. 统筹规划，进一步优化全市会展业空间布局

广州市商务委应统筹协调，会同国土规划委等相关部门听取企业意见，做好全市会展业空间布局规划建议的起草及修改完善工作。积极推动会展业配套设施的规划与建设工作，努力改善琶洲展馆周边地区交通秩序，提升琶洲会展核心区的总体服务水平。推进流花展馆的盘活工作，复兴传统流花会展集聚区，重点依托流花展馆、广州越秀展览中心（在建）、中国大酒店、东方宾馆，打造流花地区承办中小型专业展、消费展和巡回展的展会孵化功能。依托现有白云国际会议中心等会展专业场馆，形成“以展带会、以会促展”的会议与展览融合发展模式，打造集国际会议、主题展览为一体的会展综合功能区。探索设立南沙临港会展集聚区及空港会展功能区，通过会展区域一体化配套设施建设，带动自贸区、空港区功能开发，促进会展业进一步与国际接轨。

3. 积极完善各项参展服务，服务广交会创新发展

继续做好广州企业的组团工作，以实际行动为参展企业减负，积极完善各项参展服务。通过广交会推动广州外贸结构调整，优化产品结构，促进品牌培育、技术研发、产品创新和服务提升，加速形成外贸竞争新优势。契合中澳、中韩自贸协定签订，策划举办主题交流论坛等配套系列活动，提升广州在全球进出口贸易中的分量和话语度，推动广州进出口贸易再上新台阶。大力推动广交会与专业市场、连锁、电商、物流、汽车销售等各行业协会联合举办行业洽谈会，组织花都狮岭皮革皮具，新塘牛仔，番禺珠宝、电子信息、装备制造等优势产业集群和专业镇的企业组团参展，发挥广交会的服务优势，提供商品展示、洽谈、电子商务、考察等有针对性的贸易服务，推动产业基地、专业市场与全球经销商之间形成资源的有效对接。支持广交会做大做强进口展区，协助邀请进口商品全国省级总代理、境外企业直营等机构参展，组织大型零售企业与相关产品的国际经销商开展贸易配对活动。

4. 补齐国际会议短板，提升广州国际交往中心功能

一是配合国家战略，规划“一带一路”相关主题的高级别国际会议。广州作为古代海上丝绸之路的重要起点，在“一带一路”战略中具有很强的现实和历史象征意义，应该主动配合国家“一带一路”战略，加强与西亚国家、上合组织成员国和亚信峰会成员国的合作，策划和承办海上丝绸之路主题的高级别国际会议。二是结合广州发展实际，承接联合国专门机构会议。联合国下属机构众多，广州作为华南经济中心和改革开放前沿地，可以结合本地经济与社会发展实际，积极与联合国专门机构进行对接，承接相关会议。三是与外交部保持紧密沟通，掌握申办国际会议主动权。广州市政府应与外交部保持紧密沟通，确保信息通畅，了解外交部各司的国际会议动向，掌握申办国际会议主动权。四是提升办会基础设施，进一步提升现有举办国际会议的软件和硬件，为举办更高层次、更高级别的国际会议创造条件。五是大力开发与利用文化旅游资源，加快发展文化旅游产业，促进会展业与旅游业融合发展。

5. 创新体制机制，夯实会展业政策支撑体系

进一步理顺广州市会展业管理体制，将设置会展业专门管理机构提上议事日程，研究明确该专门管理机构的主要职能、机构设置、人员编制、行业管理办法等内容。加大资金扶持力度，适当扩大会展业专项资金规模，并根据形势变化对现行会展专项资金管理办法进行修订，调整优化资金规模及使用方向。继续扶持广州企业参加境外展，进一步开拓国际市场。研究制定《关于促进会展业发展的若干意见》，厘清广州会展业的发展思路，找准政策着力点。研究制定广州市展览业管理办法及相关行业规范，有效规范展览经营行为，优化展览市场环境。探索设立市级会展业部门联席会议工作机制，统筹协调推动全市会展业发展工作。健全会展统计工作，构建以展会数量、展出面积、参加人数、产值和经营收入为主要内容的统计指标体系，加强会展来宾体验的抽样调查与研究。完善会展人才体系建设，支持建立会展业人才公共服务平台，为会展企业提供职业资格鉴定、职业技能培训和人力资源服务。

6. 注重城市营销，做好会展业整体宣传工作

加强广州会展业整体宣传，提升广州会展的知名度，营造适宜的氛围，大力培育、引进品牌展览和高级别国际会议。积极推进广州会展全球化营销步伐，加强与国际知名会展企业及国际展览业组织交流，积极推介广州的城市环境、办展环境、服务设施和政府扶持政策。加强与港澳地区会展业界的联系，积极参加港澳两地举办的展会及论坛活动，做好广州会展业的宣传工作，为进一步扩大合作打好基础。赴欧美会展业发达国家开展国际会展业推介，进一步加强与国外会展机构的联系。市商务委应积极与市委宣传部沟通合作，借助市内公益广告平台，宣传推介广州会展业。结合广州市重点会展企业到境外办展契机，在国外举办的展会上整体推介广州会展业。继续办好全球会展（广州）圆桌会议，进一步扩大会议知名度和影响力。

7. 推动会展业跨界融合，培育发展新型会展模式

当今时代产业发展呈现出明显的跨界融合趋势，广州建设具有全球影响力的会展中心，也要顺应这种趋势，沿用跨界融合的理念谋划会展业发展。一是加快推进“互联网 + 会展”战略，利用新一代电子信息技术深度改造传统会展业，支持会展企业搭建线上会展平台，依托实体会展项目发展“网上交易会”，打造线上 + 线下、全天候营商的网上展会。二是凭借广州市制造业和现代服务业较为雄厚的发展基础，强化“产业 + 会展”模式，支持央企、行业龙头企业在穗举办汽车产业、机器人及智能装备等领域的品牌展会，在强化广州市先进制造业产业全链条的同时，形成以业带展、以展促业的良性发展格局。三是适应战略性新兴产业发展要求，探索“新业态 + 会展”模式，借鉴国内外信息技术等战略性新兴行业的办展模式，推动会展业与战略性新兴产业融合发展。

8. 大力发展专业展会，不断拓展展览题材和效能

在保持广交会等综合展龙头引领地位的同时，大力发展专业展会。一是大力拓展会展题材。继续做强广州家博会、广州美博会、广州国际酒店用品展、广州国际照明展、广州建博会等特色品牌展览，利用珠三角拥有充足的货源这一优势，大力拓展相关题材展会的联合运作，重点推进纺织服装、美容美发、家居用品、酒店用品、家具建材、皮具和礼品等消费类展览联合运作。二是不断延伸会展产业链。以市场为主要维度转变展会主题和运营方式，不断调整展会方向和重点，延伸会展产业链，策划培育区域特色鲜明的新型会展活动，抢占会展产业链关键环节和重要节点。三是培育与发展新兴产业类展览。密切跟踪全球经济、技术新趋势，发展与先进制造业、现代服务业和新兴战略性产业相关联的专业展会，做大一批金融、现代物流、创意设计、文化旅游等现代服务业展览会，培育一批新一代信息技术、高端装备、生物医药、节能环保、新能源、新材料、3D打印等战略性新兴产业专业展。

（广州市商务委员会）

2016年 广州会展业发展报告

Annual Report on Guangzhou Convention & Exhibition Industry Development 2016

展览篇

发挥会展平台功能，加快国际交往中心城市建设

广州市委、市政府提出了要建设国际航运枢纽、国际航空枢纽和国际科技创新枢纽“三大核心枢纽”，建设国际航运中心、物流中心、贸易中心和现代金融服务体系“三中心一体系”，努力打造重要“国际交往中心”的城市发展战略目标。会展功能特殊，作用巨大，既是国际交往中心的重要内容和形态，又是促进国际交往中心建设的重要平台和抓手，加快会展产业发展，进一步提升会展在广州经济社会发展中的地位，巩固和提升广州会展在全国、世界会展发展中的影响力，对于广州国际交往中心城市建设，具有十分重要的意义。

一、会展平台功能

《国务院关于进一步促进展览业改革发展的若干意见》指出：“我国展览业已经成为构建现代市场体系和开放型经济体系的重要平台，在我国经济社会发展中作用日益凸显”；要发挥展览业在“稳增长，促改革，调结构，惠民生”中的作用；要进一步“明确展览业经济、社会、文化、生态功能定位”；“更好地服务于国民经济和社会发展全局”。

《国务院关于进一步促进展览业改革发展的若干意见》明确指出展览业是构建现代市场体系和开放性经济体系的重要平台。所谓“平台”就是为合作参与者和客户提供一个合作和交易的软硬件相结合的场所或环境。广义上讲，平台是一种交易场所，其所有人或运营者设定一系列规则，人们依照这些规则在平台上进行交易和业务往来。最早的平台之一是古希腊的集市，即临近码头的一些指定场地，商贩可在其中进行商品交易。近年来，数字化和互联网催生了一种既是交易场所又是共享库的新型平台。

会展活动具有信息交流、贸易促进、文明传承、旅游拉动、政治外交、形象展示等方面的功能，其平台性质和功能作用十分明显。会展作为一个平

台，传播新理念，展示新技术、新产品、新服务，促进交易和合作是其最基本的功能。会展产业的平台作用可以体现在两个方面：第一，通过会展活动的策划、营销和组织，通过各种类型会展活动的实施和各类服务的提供，带动商品、物资、人员、资金、信息的跨国家、跨区域、跨业主流动，促进贸易的扩大；第二，通过最新技术、最新产品、最新服务的展示和最新思想、最新理念、最新信息的交流与传播，促进生产要素的跨国家、跨区域、跨业主转移与重新组合配置，促进新思想、新技术的推广普及和生产效率的提高，推动产业进步和产品升级换代。会展作为平台和桥梁，紧密联系着供给和需求两端，一头系着生产，一头牵着市场。通过会展活动的组织，将产品、服务、技术信息传递给消费者，将市场需求信息传递给生产者；通过会展活动的安排，将产品、服务发展和技术进步信息传导给业内同行，促进产业合作与进步。

会展平台还具有强大的城市建设促进功能。会展可以瞬间带来巨大的人流、物流、资金流和信息流，对城市服务功能提出更高的要求，有助于加快城市基础设施建设，带动相关产业发展，提升公共服务水平，促进服务转型升级；会展还是城市的名片，会展带来国际人员的聚集和流动，对于宣传城市发展环境，扩大城市影响，拓展国际化视野，提高居民素养，都具有十分重要的促进作用。

二、会展平台与国际交往中心建设

国际交往中心的主要特征为国际机构多、国际活动多、国际往来人口多、国际话语权强、国际影响力大。

会展的特殊功能和基本属性恰恰具备以上特征，广州市发展好会展业有助于体现国际交往中心的主要功能特性，有助于加快国际交往中心的建设。会展是国际机构参与其中的重要形式、国际活动的重要内容、国际人流聚集的重要场合、国际话语权发声的重要平台、城市实力国际影响力显示的重要载体。因此，会展既是国际交往中心的主要内容和重要体现，同时也是国际交往中心建设的重要载体和主要抓手。

会展是国际活动的主要表现形式。国际活动是国际交往中心的重要内容和主要标志之一。国际活动通常包括：

第一，外交访问和友好往来。纽约、华盛顿、布鲁塞尔、日内瓦等一些国际交往中心城市总能占据国际交往舞台的中心和重要位置。这些城市的外交访问和友好往来活动都十分频繁，而且相对稳定。

第二，大型国际会议与展览。举办大型国际会议数量是城市对外交流频度的重要标志。20 世纪末以来，国际展览也作为国际活动的一种特殊形式，越来越受到人们的重视。

第三，固定节庆活动。国际交往中心通常要举行大型国际交流活动，定期举办国际性大型节庆活动，如狂欢节、电影节、音乐节、艺术节等。

三、广州会展基础与成效

广州经济实力雄厚，市场体系发达，城市基础设施建设体系完整，会展基础设施条件较好，拥有一批现代化专业会展场馆设施，中国进出口交易会琶洲馆室内展览面积达 34 万平方米，在世界大型展览设施中排名第五。据中国会展经济研究会统计，广州现在拥有专业展览场馆 6 个，室内展览面积 53.48 万平方米，仅次于上海，位列全国第二。广州会展产业链齐全，服务体系完善，各类行业中介组织齐全，广州会展行业协会、商会更是很好地发挥了会展的促进作用。

“十二五”期间，广州展览业有了充分的发展。2011—2015 年，广州市展览数量从 370 个增加到 482 个，增长 30.27%。展览面积从 735 万平方米增加到 861.7 万平方米，增长 17.24%（如表 1 所示）。从办展面积看，2012—2015 年广州市连续四年在全国展览统计城市中居第二位。近年来，广州会展业出现了展览、会议齐头并进，同步发展的可喜局势。2016 年，广州展览业稳中有升，会议业快速崛起，全年重点场馆共举办展览 538 场，同比增长 11.6%，展出面积 896.48 万平方米，同比增长 4%；重点场馆举办会议 7114 场，比 2015 年略有减少，但 100 人以上跨市会议 1852 场，同比增长 21%。特别值得关注的是众多领域的国际会议提升了广州会议的国际化水平和国际影响力，加快了打造“国际会议目的地”的进程。2016 年，广州成功承办了“G20 峰会”第二次协调人会议、中国—海湾阿拉伯国家合作委员会自贸区第七轮谈判；与世界经济论坛合作举办了“2016 年世界经济论坛商业圆桌会议”，与世界大都市协会联合主办了“2016 广州国际城市创新大会”；申办成功“2017《财富》全球论坛”和“2018 年世界航线发展大会”。

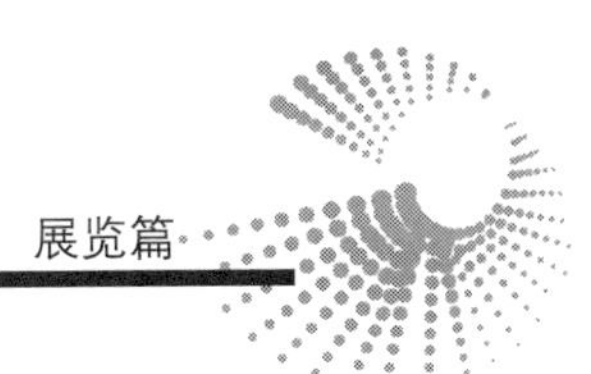

表 1　2011—2015 年广州市展览会总数量及面积

时间/年	办展数量/个	办展面积/万平方米
2011	370	735
2012	377	829
2013	480	831
2014	392	858.57
2015	482	861.7

中国会展经济研究会和成都大学成都会展经济发展研究院根据城市经济实力、城市会展发展和城市会展教育等多项指标研制的中国城市会展业竞争力指数排名中，广州名列第三，仅次于上海、北京两大直辖市。（如表 2 所示）在中国会展经济研究会根据举办展览各项数据编制的“中国城市会展业发展综合指数”评分中，2015 年，广州市的综合得分是 230.49，名列全国第二。（如表 3 所示）

表 2　2015 年城市会展业竞争力指数

排名	城市	城市整体环境竞争力指数（X_1）			城市会展专业竞争力指数（X_2）					城市会展教育竞争力（X_3）	城市会展业竞争力指数（r）
		综合经济竞争力指数（X_{11}）	宜商竞争力指数（X_{12}）	可持续竞争力指数（X_{13}）	展览业发展综合指数（X_{21}）	展览业国际合作指数（X_{22}）	展览业价格指数（X_{23}）	举办大型会议指数（X_{24}）	国际会议指数（X_{25}）		
1	上海	76.100	98.402	100.000	100.000	100.000	100.000	22.714	73.962	100.000	85.909
2	北京	47.200	100.000	97.616	44.373	80.000	84.346	100.000	100.000	72.000	80.615
3	广州	59.000	86.644	90.238	52.184	46.667	78.718	12.114	8.654	84.000	57.580
4	深圳	100.000	83.676	96.368	25.208	26.667	85.036	30.164	0.000	0.000	49.680
5	成都	31.300	64.612	72.077	17.299	43.333	63.166	31.375	14.423	52.000	43.287
6	杭州	23.300	64.041	82.747	14.929	20.000	59.959	50.697	16.346	48.000	42.224
7	天津	48.800	77.055	70.602	17.272	3.333	70.963	11.326	7.692	60.000	40.783
8	重庆	23.600	68.607	63.224	39.344	13.333	55.143	30.164	0.000	52.000	38.379
9	厦门	52.100	48.858	74.461	12.248	13.333	59.735	40.703	7.692	24.000	37.014

表3　中国城市会展业发展综合指数

排名	城市	2015年展览数量/个	2015年展览面积/万平方米	2015年专业场馆数量/个	2015年专业场馆室内面积/万平方米	2015年展览管理机构/个	2015年UFI会员单位/个	2015年UFI认证项目/项	TOP100展览项目数量/个	TOP3展览项目数量/个	城市展览业发展指数
1	上海	749	1511.55	12	81.3	3	22	21	65	98	441.69
2	广州	482	861.70	6	52.24	3	9	7	27	47	230.49
3	北京	415	520.10	9	44.79	1	29	18	17	33	195.99
4	重庆	749	702.30	4	30.52	2	2	1	8	14	173.78
5	深圳	89	277.64	3	61.80	2	11	11	23	23	111.34

四、发展机遇与挑战

广州会展得到市委、市政府的高度重视。2014年3月26日广州市政府常务会议通过了《广州建设国际会展中心城市发展规划（2013—2020年）》，提出“打造一主三副空间格局”，“三年品质提升、八年国际一流‘两步走’发展战略”，明确用8年时间实现广州会展行业五大转变，建成洲际会展中心城市。

2016年《政府工作报告》用较大的篇幅，对2016年会展工作进行了认真总结，对2017年会展工作进行了全面的部署。《政府工作报告》指出：“举全市之力办好2017《财富》全球论坛，扩大城市国际影响力。举办2017广州国际创新节、第25届广博会、第25届广州国际旅游展和第6届金交会，办好广州国际投资年会、21世纪海上丝绸之路博览会等高端招商活动，组织广州—奥克兰—洛杉矶三城经济联盟广州峰会、国际金融论坛全球年会（IFF）和世界城市日活动，打造国际交往中心。”“推进报业文化中心、广州美术馆、广州文化馆新馆、南粤先贤馆等重大文化基础设施建设，办好中国音乐金钟奖、国际漫画节、广州艺术节、广州文化周、国际艺术博览会、迎春花市等重要文化活动。发展体育事业，推进体育场馆免费或优惠开放，新建一批健身路径，完善社区体育健身设施，办好‘市长杯’系列赛、广州马拉松赛、国际龙舟邀请赛，建好全民健身公共服务平台，积极参与国内外竞技体育比赛。”

新的历史条件下，广州会展发展面临一些新的竞争和挑战。这些挑战主要来自亚洲，特别是中国主要会展中心城市和广州周边会展城市的竞争。

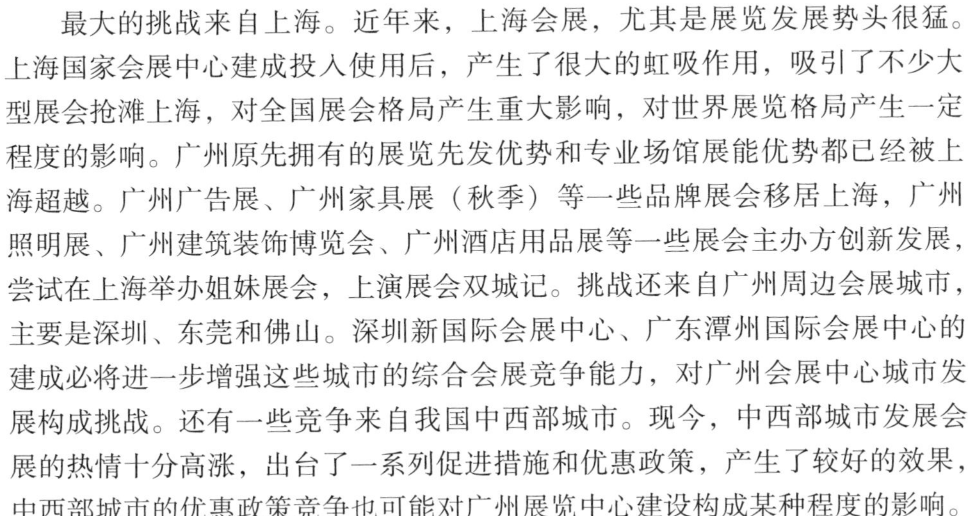

最大的挑战来自上海。近年来，上海会展，尤其是展览发展势头很猛。上海国家会展中心建成投入使用后，产生了很大的虹吸作用，吸引了不少大型展会抢滩上海，对全国展会格局产生重大影响，对世界展览格局产生一定程度的影响。广州原先拥有的展览先发优势和专业场馆展能优势都已经被上海超越。广州广告展、广州家具展（秋季）等一些品牌展会移居上海，广州照明展、广州建筑装饰博览会、广州酒店用品展等一些展会主办方创新发展，尝试在上海举办姐妹展会，上演展会双城记。挑战还来自广州周边会展城市，主要是深圳、东莞和佛山。深圳新国际会展中心、广东潭州国际会展中心的建成必将进一步增强这些城市的综合会展竞争能力，对广州会展中心城市发展构成挑战。还有一些竞争来自我国中西部城市。现今，中西部城市发展会展的热情十分高涨，出台了一系列促进措施和优惠政策，产生了较好的效果，中西部城市的优惠政策竞争也可能对广州展览中心建设构成某种程度的影响。

五、发展建议

针对目前广州展览业发展的实际情况和面临的挑战，广州会展发展应当处理好四个方面的关系。首先，处理好政府与市场的关系。充分发挥市场配置会展资源的决定性作用，更好发挥政府对会展业的促进扶持作用，研究出台更加有力的会展发展支持政策。其次，处理好服务广交会与发展城市会展产业的关系，提高整体城市会展服务水平，开发、吸引和留住更多世界品牌展会。再次，处理好市场培育和市场规范的关系，加大超大型展会、龙头主体培育扶持力度，加快会展市场建设和治理，改善发展环境，加强诚信建设，打击侵权仿冒，反对垄断，培育公平、公开、公正的市场竞争环境。最后，处理好重点发展和全面发展的关系，在展览业发展的基础上，统筹会议、展览、节庆、赛事、演艺多种形态，加强城市内部会展资源的协调和整合，调动各部门和各区县发展会展的积极性，鼓励特色化发展和差异化竞争，减少内部消耗，避免重复建设、重复办展、同质化竞争。

面对新的发展机遇和挑战，广州会展应当“高起点发力，发挥综合优势，再创辉煌，打造中国会展新高地”。

1．直面竞争，巩固光大国际展览领先优势

地处改革开放前沿的广州，得益于中国进出口商品交易会的强大发展，广州展览业健康发展，在国际展览业界享有较高声誉，在全国展览行业中地位显要。上海会展研究院根据展馆发展指数、展会发展指数和展商发展指数对世界57个主要会展城市进行综合指数排名，广州名列世界第十，中国入围城市第二。广州展览业已经在世界名列前茅，应当进一步保持和发扬这种领先优势，直面竞争，采取切实有效的措施，进一步改善、优化会展发展环境，做大、做强广州展览业，把广州世界展览之都的品牌擦得更亮，叫得更响。

2. 找准方向，开拓培植经贸会议发展潜能

长期以来，广州会展发展不太均衡，展览强，会议相对较弱，应当尽快改变这种不均衡现象，加快会议产业的发展；应当根据广州的历史渊源、文化传承、城市特性和产业结构，创办、申办和争办符合广州经济社会发展需要，切合广州城市特性的会议活动，围绕广州国际贸易名城和“三中心一体系”建设，重点发展经济、贸易类的会议活动，着力打造一两个具有世界影响力的品牌贸易、航运会议活动，培育、形成具有鲜明广州特色的会议经济。

3. 形成合力，建立健全促进协调长效机制

会展活动内容丰富，涉及面广，连带影响大，应当根据广州会展产业发展的实际需要，建设、完善广州市会展行业促进、协调和管理体制和机制。建议考虑建设、形成四位一体的会展业发展促进体系；成立以主要市领导牵头的会展发展领导小组，统筹广州市会展发展；建立委办局际联席会议制度，协调有关各方关系和会展资源；设立领导小组办公室（即会展办或会展事务局），具体负责相关政策举措的组织实施；加快会展中介机构的建设，团结联系会展企业，加强行业自律。

4. 完善体系，打造弘扬广州会展服务品牌

加强会展产业链服务体系建设，提高会展服务体系的专业化水平，提升活动策划、会展运作和现场服务的专业化程度；出台相关配套服务体系建设指导意见，制定专业化服务标准，加强规范管理；建立会展服务资质评定制度，根据统一标准和要求（包括专业展馆标准化体系、国际展认定标准、展会及展馆统计标准体系、绿色展会标准等）进行服务资质评定；改进、完善会展统计体系，建立权威的统计监测体系，提高会展统计资料数据的可信度。完善体系，打造品牌，建设和形成标准化广州会展服务品牌，增强广州会展发展的竞争力。

（储祥银，中国会展经济研究会常务副会长，对外经济贸易大学教授、博士生导师）

广州海关支持
广州市会展业创新发展的主要举措

2016 年 10 月 15 日，第 120 届中国进出口商品交易会在广州开幕，习近平总书记致贺信、李克强总理作批示，对广交会发展提出了更高的要求。广州海关牢牢把握发展机遇，深入落实《国务院关于进一步促进展览业改革发展的若干意见》《广东省进一步促进展览业改革发展的实施方案》等文件精神，围绕任学锋书记提出关于重点建设“三大战略枢纽”和加快建设“三中心一体系”的目标和要求，坚持以创新、协调、绿色、开放、共享为发展理念，以深化简政放权和制度创新为手段，以提升贸易便利化水平和海关服务水平为目标，支持企业利用好国际和国内两个市场、两种资源，促进广州关区展览业做大做强，推动地方经济向开放型发展。

一、2016 年广州市国际会展业发展情况及特点

2016 年，广州海关共监管进出境展会 67 个，监管展会面积 440. 25 万平方米，展品进出口 7. 79 亿元，同比分别增长 15. 5%、62. 8% 和 83. 7%。同期，上海海关全年监管国际展会 233 个，北京海关 227 个。从展览品进出口规模来看，2016 年展览品进出口规模排前三的直属海关为上海海关、北京海关和西安海关，进出口值分别为 171 亿元、117 亿元、35 亿元，分别占全国展览品进出口总值的 41%、28% 和 8%，广州海关业务量（进出口 7. 8 亿元）在各直属海关中排第七，占全国的 1. 9%。相比国内会展业先进城市，广州市国际展会数量优势不明显，展品进出口规模不大，仍存在较大的拓展空间。

从商品结构来看，2016 年全国进出口展览品 2320 类（按 10 位商品编码统计，下同），进出口值前五名分别是专供示范的仪器装置、超过百年的古物、油画粉画及其他手绘画、雕塑品原件、越野车。上海海关进出口展览品 1656 类，占全国总数的 71. 4%，进出口值前三名分别是油画、雕塑品、古物类展品，占该关进出口展览品总价值的 75. 6%；北京海关进出口展览品 6 类，

以专供示范用仪器设备为主，占该关进出口展览品总值的98.7%；西安海关进口展品49类，以超过百年的古物为主，占该关进出口展览品总值的97.3%。广州海关进出口展览品601类，占全国进出口展览品种类数的25.9%，以油画、专供示范用仪器设备、宝石半宝石制物品为主，占该关进出口展览品总值的74%。可以看出，进出口值位居前三的关区中，上海海关、西安海关的文化展品比例较高，占比均在75%以上，而广州市国际会展进口展品种类分布较均匀，但文物、艺术品等高值展品比例相对不高。

从展会主办单位情况来看，2016年全国涉及进出口展览品的展会主办单位共528家，进出口规模排名前20的企业的展览品进出口值约占全国的80%，且主要分布在北京、上海、西安、辽宁、江苏等地。全国528家主办单位中广州关区共有34家，仅占全国总数的6.4%，广州地区展览品进出口规模最大的广东美术馆的进出口展览品规模在全国仅排第22位，且全国规模排名前50的主办单位中广州关区企业仅4家。可以看出，广州市国际会展主办单位数量较少，且规模较小。

二、支持广州市国际会展业发展的主要措施及下一步工作方向

（一）优化管理体系，提升监管服务质量

为进一步优化管理结构、提升把关服务水平，广州海关正式启动驻会展中心办事处（正处级）机构，专责办理广州市区展览会备案、展览品登记备案及监管业务。在确保业务、服务不间断的基础上，加大人力和资源投入，抽调精英骨干打造专业队伍，实现从展前咨询、展期备案到展中监管的监管服务“全覆盖”。展品通关环节实行24小时全天预约式通关，确保各类展品通关手续快速办理。此外，广州海关还加强与展会主管部门、主办方的沟通、协调，及时、有效地解决展会监管中的各类问题。进一步强化海关政策研究、进出口情况监测及统计分析等职能，为广州市展览业发展提供专业决策参考。

（二）深化简政放权，提高通关便利水平

积极贯彻落实广州市委、市政府关于加快推进国际贸易“单一窗口”建设的决策部署，以广州“单一窗口”系统2.0版本上线为契机，加快国际会

展模块的推广和运用。2016 年 10 月 14 日，全国首票以“单一窗口”模式向海关和国检部门申报的展会备案业务顺利通过，不仅实现了展会备案无纸化，更是实现了企业向海关和国检部门的一次申报、一次备案，大大提升了展会的备案效率。此外，广州海关积极探索先行先试深化行政审批制度改革，就商务主管部门取消对境内对外经济技术展览会办展项目的审批问题，积极向总署反映，在确保监管到位的前提下争取最大限度的简化审批手续，对于不再属于有关部门行政许可的项目，企业可凭展会邀请函、展位确认书等证明文件办理备案手续，确保取消审批后与海关监管操作衔接不间断。

（三）服务自贸区建设，创新海关监管模式

一是以支持南沙自贸试验区建设为契机，发挥南沙国际航运中心、国际物流中心和白云机场国际航空枢纽等优势，加快复制推广自贸试验区海关监管创新制度，依托南沙保税港区、白云机场综合保税区、佛山国通保税物流中心的保税政策功能，运用保税展示交易模式，支持企业开展钻石、汽车等进口商品的展贸活动。二是利用南沙毗邻港澳和位于珠三角中心的地理优势，大力推动南沙国际游艇展览业发展，通过支持企业设立水上保税仓库，有效解决进境参展游艇货值大、税款高的问题，进一步降低了企业运营成本。目前，通过该模式已累计进口游艇 9 艘，进出口金额达 780 万美元。三是叠加自贸试验区及海关特殊监管区域的制度创新和保税政策优势，支持进境汽车在保税状态下参展，引导参展企业借助南沙港区汽车整车进口口岸就近快速办理车辆进境和留购手续，积极打造汽车展览一条龙的优质软硬件环境。

下一步，广州海关将继续围绕广州市委、市政府有关部署要求，一如既往地支持、推动广州市会展业改革、创新发展，擦亮广州对外开放的金字招牌。一是继续深化落实简政放权，推动取消暂时进出境备案行政许可审批，进一步下放免交担保、展会延期及展品留购等审批权限；探索海关展会监管领域“互联网 +”改革，实现从展会备案、核销到展品通关的全流程网上办理，进一步简化业务办理手续，提升监管效能。二是以签署《广州海关　广东省文化厅合作备忘录》为契机，创新对文化品、收藏品、艺术品等特殊展品的进出口监管模式，提升通关便利化水平，支持企业依托海关特殊监管区域、保税监管场所的政策功能，开展文化品、藏品、艺术品拍卖等高端展贸活动，推动展览业专业化、多层次均衡发展。三是继续加强与口岸联检部门的联系配合，深化关检“三互”合作，通过加大信息互换力度、提高监管互

认水平、创新执法互助形式，进一步提升进出境展览品的贸易便利化水平。

三、对广州市政府发展国际会展的有关建议

（一）优化管理机制，打造展会发展软环境

进一步优化完善广州市会展业管理机制，强化领导机构的统筹协调、宏观规划、综合管理和引导促进作用，对会展业全面实行归口管理，明确相关部门职责分工，通过规范、引导、激励、协调等手段，共同构建良好的会展业发展软环境；加强会展领导机构各成员单位间互动，由市商务委牵头建立联席会议制度，定期组织会议，共同研究广州市会展业发展的有关问题，及时解决会展企业遇到的问题和困难。

（二）完善场馆配套设施，健全会展硬件基础

积极落实《国务院关于进一步促进展览业改革发展的若干意见》，借鉴上海等国际会展业先进城市做法，进一步完善国际展览品通关、监管、检验检疫快捷服务配套设施，在广州会展核心区——琶洲地区规划和建设国际会展综合配套监管与服务场所，为展会提供审批、集货、进出口申报、查验、存储等一站式服务。

（三）深化对外交流合作，加快会展国际化

积极推动与“国际大会与会议协会”（ICCA）、“国际展览联盟”（UFI）等国际会展协会组织建立合作机制，大力吸引国际知名品牌展会合作办展，学习、借鉴国际先进办展经验，提升展会质量效益，引进国际大展、国际性会议和论坛落户广州；扶持和培育一批具有国际竞争力的会展集团，推动本地企业国际化，鼓励展会加入UFI，打造品牌展会；落实国家“一带一路”战略，借助国际知名展览平台，培育境外展览项目，扶持鼓励企业赴境外办展、参展，提升本地展览项目及办展、参展企业知名度。

（四）加强联系配合，建立信息共享机制

根据《中华人民共和国海关暂时进出境货物管理办法》（海关总署令第212号）以及《中华人民共和国海关暂时进出境货物监管操作规程》（署监发

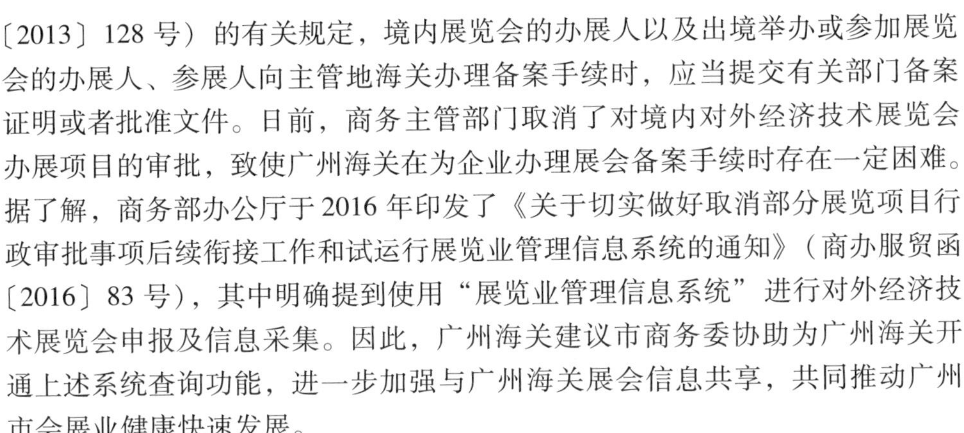

〔2013〕128 号）的有关规定，境内展览会的办展人以及出境举办或参加展览会的办展人、参展人向主管地海关办理备案手续时，应当提交有关部门备案证明或者批准文件。日前，商务主管部门取消了对境内对外经济技术展览会办展项目的审批，致使广州海关在为企业办理展会备案手续时存在一定困难。据了解，商务部办公厅于 2016 年印发了《关于切实做好取消部分展览项目行政审批事项后续衔接工作和试运行展览业管理信息系统的通知》（商办服贸函〔2016〕83 号），其中明确提到使用“展览业管理信息系统”进行对外经济技术展览会申报及信息采集。因此，广州海关建议市商务委协助为广州海关开通上述系统查询功能，进一步加强与广州海关展会信息共享，共同推动广州市会展业健康快速发展。

（广州海关）

广州检验检疫局支持会展业发展的工作情况

会展产业是现代服务业发展的引擎，对国家经济转型升级，创新驱动发展有重要意义。经过多年的发展，广州已稳居中国三大会展城市之列，在《广州市国民经济和社会发展第十三个五年规划纲要（2016—2020年）》中，广州市政府提出要优质高效发展现代服务业，发展壮大会展产业链，建设会展之都。广州检验检疫局作为国际会展的监管部门之一，不断改革创新，科学监管，先试先行，全力支持国际会展产业发展。

一、政策支持情况

为贯彻落实《国务院关于进一步促进展览业改革发展的若干意见》精神，2015年7月24日，国家质量监督检验检疫总局出台了《质检总局关于做好重要展会检验检疫工作的意见》（国质检通〔2015〕341号）（以下简称《工作意见》），提出要做好重要展会的服务保障工作，进一步优化展品出入境检验检疫监管措施，促进展览业健康、快速发展。

《工作意见》强调，本着“风险可控、适当放宽”的原则，检验检疫机构应确保展品便捷通关，有效监管。在展品入境管理模式上，采取口岸机构快速验放，举办地检验检疫机构集中监管的方式，做到即到即报、即检即放。入境展品除法律、法规另有规定外，可免予检验。进境动植物及其产品、动植物源性食品、特殊物品等展品需办理检疫审批的，可向举办地直属检验检疫局办理，允许来自非疫区但未获得进口检验检疫准入的动植物产品及动植物源性食品入境参展。已经深加工可消除动植物疫情传播风险的动植物产品可免予审批。强制性认证产品可申请办理免于办理强制性产品认证的证明。对入境预包装食品、化妆品等展品，免予加贴中文标签和抽样检验，收发货人可免予备案，允许预包装食品、化妆品在展会期间少量试用、品尝、馈赠或试销。

《工作意见》还要求，检验检疫机构要完善重要展会现场服务监管措施，

在现场提供“一站式”检验检疫服务，做好疫情监测、展品展后处置等工作，切实保障国内生态及消费者安全，并应建立健全重要展会质量监管体系，营造健康规范的展会环境，确保国际展品质量安全。

二、服务监管情况

《工作意见》出台后，广东检验检疫局随后组织编写并印发《广东出入境检验检疫局出入境展品检验检疫监督管理工作规范》，为建立科学的出入境展品检验检疫监督管理模式，促进广东国际展会健康、快速发展提供指导依据。广州检验检疫局设有专门的国际会展监管部门，负责广州地区会展业务的检验检疫全流程工作，工作高效务实，不断创新管理模式，紧守安全底线，促进业态发展。

（一）便捷高效，加强服务保障

在大型会展举办期间，大量的外国客商、展品经广州市及周边各国境口岸集中进入广州市会展功能区，因此，提供便捷高效的检验检疫入境通关服务尤为重要，且国际会展作为对外经济交流的重要平台，做好服务保障工作，有利于充分展示广州市良好的营商环境以及重视商务礼仪的城市风范。广州检验检疫局积极探索，加快入境通关速度，提升服务保障水平，主要措施如下：

第一，多种手段宣传政策法规。通过在广州检验检疫局政务网站设立中英双语的国际会展业务频道，开通政务微信推送最新的服务监管信息，印制并派发中英双语的国际会展检验检疫业务指南等多种宣传方式，帮助会展相关企业、参展商提前熟悉了解入境展品相关的检验检疫规定，便于企业完成参展的准备工作。

第二，入境礼遇，展示城市风范。重要国际会展举办期间，广州检验检疫局在广州各大旅客入境口岸，开设外国客商入境礼遇通道，对参展参会人员携带的入境自用物品实施“速查速放”，并提供必要的咨询及指引服务，营造优质的入境通关环境，在口岸一线展示广州重视商务礼仪的城市形象。

第三，开设绿色通道，落实优惠政策。广州检验检疫局开通报检、查验、强制性认证产品免办登记、检疫许可申请四条绿色通道，贯彻落实入境展品集中报检、场馆集中查验、部分展品免予检验、部分展品免予办理强制性认证、简化检疫审批手续等多项政策优惠，极大提高入境展品通关速度，方便会展企业快速布展、参展。

第四，实行专人专窗，做好保障工作。在展会举办期间，开设24小时咨询专线，设立咨询专窗，由专人负责展览品入境相关事宜的咨询解疑。在重要展会现场提供“一站式”检验检疫服务，应展会主办方要求，设置相应的咨询点，帮助参展企业解决相关困难，提供必要的服务，确保参展顺利。

第五，热情服务，促进贸易交流。为更好地发挥国际会展平台的宣传交流作用，凸显广州市对国际商贸活动的重视，广州检验检疫局积极支持展会主办方举办的各种贸易论坛和配对交流活动，派出业务专家，为参展商、进出口企业解读各类商品的检验检疫政策规定，为进出口企业未来的贸易活动提供指引，受到各方好评。

（二）科学监管，提升履职效能

广州检验检疫局不断总结提炼国际展会监管经验，建立了成熟的入境展品集中备案评估、场馆查验监管、展后退运核销的“前中后”闭环监管体系。在监管工作中，广州检验检疫局坚持以提升履职效能为要求，以守护国门安全为底线，以促进产业发展为目的，不断改革创新，增强监管有效性，提高入境展品通关速度。

在国际展会开展前，主办方或其代理人可先行提交展会相关资料备案，一次递交，多次申报。展品在入境口岸验证并快速放行，直接运抵展会举办地或存放仓库做集中的查验监管，极大缩短展品的通关时间，适应展品入境和布展的时效要求。同时，对于涉及安全卫生环保的食品、化妆品、动植物产品等，广州检验检疫局在展会现场进行巡展监管，确保展会健康规范发展。

展会结束后，入境展品根据入境时列明的处置措施完成核销手续，一般展品是退运回原产国，高风险展品是进行销毁处理，转到异地参展的展品则由异地检验检疫机构进行后续监管，留购的展品在补齐相应的检验检疫手续后可进入流通市场，通过展品核销管理，确保未经检验的入境展品不会进入国内市场。

在国际会展监管过程中，广州检验检疫局还与海关等相关口岸单位，达成合作协议，共享监管信息，联合查验执法，切实提高便利化水平。通过入境展品“前中后”闭环监管体系及跨部门合作，展品入境高效便捷、展示安全放心、处理妥善得当。

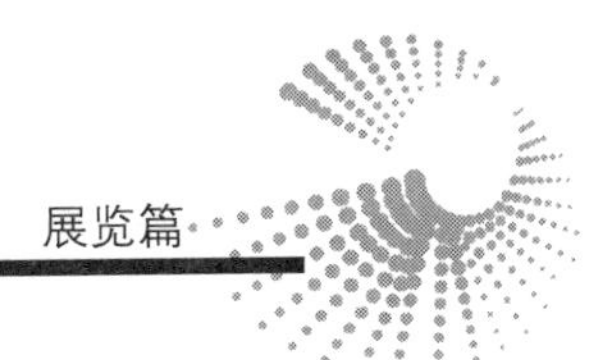

（三）夯实基础，做好前瞻研究

入境展品通常具有品种新、涉及商品类别多的特点，为进一步加强对入境展品监管措施的研究，广州检验检疫局在2016年抽调局内业务专家，成立国际会展业务工作小组，专门开展相关的业务监管指导及政策研究工作，并制定相关的工作规范。

2016年国家认监委组织检验检疫标准化服务“一带一路”工作，提出开展“一带一路”服务贸易领域检验检疫行业标准制标研究工作，广州检验检疫局作为会展监管标准体系研究的牵头部门，负责研究标准在国际会展监管模式创新的技术支撑作用，提交了多项标准制订修订申请及相应的研究报告。此外，已正式立项的还有广东检验检疫局科研项目《广东会展经济检验检疫监管措施研究》，深入分析广东作为会展大省的经济地位以及检验检疫监管现状，从现状分析中寻找改革创新措施。

另外，广州检验检疫局作为海珠区筹建全国会展产业知名品牌创建示范区工作领导小组成员之一，积极配合相关的创建工作，提供相关的验收材料，全力支持全国首个会展产业知名品牌示范区创建工作。

国际会展监管的信息化建设同样有了较大的突破。2016年广州市国际贸易单一窗口中的“国际会展”模块已成功上线使用，该模块功能齐全，充分体现检验检疫监管业务需求，同时考虑会展企业用户体验，积极听取企业意见，在未来的使用过程中，该模块还将根据业务发展需要不断优化，力创优质工程。

三、下一步思路

随着全球经济增长放缓，中国经济产业转型升级，会展业作为现代服务业的重要组成部分将面临更大的机遇与挑战，广州市作为中国传统的会展强市，应继续提升软硬环境建设，以更加开放的姿态，提升会展业国际化水平，推进国际贸易中心建设。广州检验检疫局将一如既往，支持国际会展产业发展，贯彻落实质检总局、广东检验检疫局给予的各项政策优惠，不断改革创新，助力国际会展业向更高水平发展，下一步主要工作思路如下：

第一，争取政策支持，总结多年的监管工作经验，广州检验检疫局将不断提出行之有效的监管措施，以争取质检总局、广东检验检疫局更大的政策支持，在检疫审批权下放、减少索证要求、降低查验比例等方面寻求突破，助力广州会展业发展。

第二，优化监管模式，探索在对入境展品风险评估的基础上，实行分类管理，进一步放宽低风险展品入境的数量限制及监管要求，加强对高风险展品的抽查检验，形成更加科学合理的监管模式。

第三，扩大部门合作，加强与国际会展各监管部门的合作，共享监管信息，形成监管合力，提升监管效率，进一步减轻会展企业负担，促进会展业发展。

第四，建立诚信体系，加大对会展主办方、物流方、相关代理报检企业及重要参展商的信用管理，积极响应广州市政府近年来对信用管理工作的重视，寻求与相关会展协会合作，探索建立会展行业的诚信体系，鼓励行业自律，规范会展业发展。

（广州出入境检验检疫局）

中国对外贸易中心会展业发展情况

2016年中国对外贸易中心（以下简称“外贸中心”）在商务部、广东省委和省政府的高度重视和正确领导下，在广东省、广州市有关部门的大力支持下，主动适应经济发展新常态，创新发展理念，加强战略谋划，优化经营管理，总体工作保持稳中有进的良好态势，有力促进了国家对外经贸和会展事业发展。外贸中心2016年办展规模达428万平方米；广交会展馆和国家会展中心（上海）承接展览面积共计1070万平方米（其中广交会展馆接展面积642万平方米）。外贸中心资产总额约345亿元，在世界同行中排名第一。

一、2016年主要工作

（一）创新驱动办好广交会，促进外贸回稳向好

2016年第119届和第120届广交会展览总面积一共236万平方米，与会境外采购商共有37.13万人，同比增长2.47%，出口成交共3696亿元人民币，同比增长7.66%，为我国外贸稳增长、调结构、提质量起到了积极的作用。2016年10月正值广交会60周年第120届华诞，习近平总书记、李克强总理分别致贺信、作批示表示祝贺，贺信和批示充分肯定了广交会在我国改革开放和经济社会发展中的重要地位和积极贡献，指明了新时期广交会的工作重点和努力方向，希望广交会创新体制机制、商务模式，进一步提高国际化、专业化、市场化、信息化水平，更好发挥全方位对外开放平台作用，为推动我国开放型经济发展、促进开放型世界经济发展作出新的更大贡献。外贸中心出色完成第120届庆祝和专场参观活动，向世界展示了中国第一展的崭新时代风貌。

2016年两届广交会着力做好了以下方面的创新：一是提升办展专业化水平，优化展品专区设置、巩固培育新题材、推动进出口融合办展。二是强化平台引领作用，优化组织CF奖，创新PDC服务形式，举办高端会议论坛和

精准贸易对接活动，引导企业转型升级。三是大力推进智慧广交会建设，优化“品牌橱窗”展示效果，推进“预展平台”建设，整合现场“信息驿站”，升级广交会网站和客户端，大力发展展会服务新形态。四是以招商市场化为核心，借助社交媒体和搜索引擎开展精准招商，扩大营销覆盖面，促进忠诚及高端客户稳步增长，到会15次以上的忠诚采购商共69546人，增长3.43%。广交会脸书粉丝突破62万人，影响力高居全球业界第一。五是顺利实现100%绿色布展目标，树立绿色展会标杆。六是贯彻商务部部署，减免两届广交会出口展展位费4.8亿元，出实招为企业减负助力。七是加强整合型管理体系建设，创新服务内涵，确保安全。八是构建中央地方媒体联动、线上线下结合、城市气氛营造和馆内氛围烘托的立体化宣传机制，扩大了广交会的国际知名度和影响力。

（二）提升自办展览水平，进一步巩固行业主导地位

2016年共完成境内外自办展项目14个，展览总面积192万平方米，比2015年增长2.47%。中国家博会、中国建博会和广州汽车展的行业主导地位得到巩固，影响力持续扩大；中国家博会、中国建博会均在广州、上海两地进行战略布局，展览规模跃居全球同类展会之首，实现双展双城、创造价值，以珠三角和长三角强大的双引擎、巨大的辐射力，帮助企业占领中国市场的制高点。2016年起中国（广州）家博会和中国（广州）建博会除在广交会展馆办展外，均延伸至保利展馆办展，展览面积进一步增加。

2016年家博会展览面积继续增加，其中中国（广州）家博会展览面积达75万平方米，观众168881人，参展企业3868家；中国（上海）家博会展览面积达34万平方米，观众84696人，参展企业1528家。家博会贯通家具市场上下游，覆盖民用家具、饰品家纺、户外家居、办公商用及酒店家具、家具生产设备及配件辅料、家居设计等大家居概念全题材，全年汇聚近6000家海内外顶尖品牌企业，迎接来自200多个国家和地区超过25万有商业价值的专业观众。2016年中国建博会进一步优化升级，其中中国（广州）建博会展出面积达38万平方米，观众147168人，参展企业2417家；中国（上海）建博会展出面积达8万平方米，观众26963人，参展企业364家。中国（广州）建博会科学布局四大特色展区，定位为建筑装饰行业的“冠军首秀平台”，涵盖定制家居、厨房、天花吊顶、门窗、木门、五金、墙体装饰等主要题材所在行业的全部主流品牌，各类新品发布不胜枚举。2016年广州国际汽车展展

览面积达22万平方米，同期展览开辟平行进口车展区，助推中国汽车市场转型升级，电动汽车展区的规格稳步提升，展品内容更加丰富。2016广州国际广告标识及LED展览会面积近10万平方米，是中国华南地区最具规模、最专业、最具影响力的广告及LED展览会之一。外贸中心还积极响应国家“一带一路”战略，在境外举办泰国展，2016年泰国展总面积5000平方米，观众8249人，参展企业232家。外贸中心2016年代理境外展览项目25个，净面积10303平方米。

在举办自办展的同时，外贸中心还积极举办各类会议论坛，引领会展业和相关产业发展。其中外贸中心在2016年举办全国首期“全国会展业创新发展　促进产业转型升级”高级研修项目，加大会展专业人才培养，助力会展业转型升级。

（三）推动展馆多元化营销，确保展馆经营再创佳绩

广交会展馆加强整合型管理体系建设，进行精细管理，进一步提升了运营管理水平。2016年广交会展馆举办了87场展览及活动（不含广交会），比2015年增加了4场，展期使用面积406.3万平方米，同比增长2.66%。2016年展馆利用率（含广交会）为41.69%。外贸中心旗下展馆（广交会展馆和国家会展中心上海展馆）共举办展览（含广交会）144场，总面积1070万平方米，增长5.05%。

2016年广交会展馆各展览规模均呈不同发展态势。全年10万平方米以上的展览10场，5万~10万平方米的展览9场，3万~5万平方米的展览10场，1万~3万平方米的展览36场，1万平方米以下的展览22场。

在引进新项目方面，2016年广交会展馆在多方努力下全年共引进新项目28个（包括展览和活动），涉及面积48.39万平方米。其中新展览18场，比上年增加4场，涉及面积31.95万平方米；新承接活动10场，涉及面积16.44万平方米。在新办活动中，恒大集团20周年庆活动反响较好，这也为展馆多元化经营开创了新路径。

（四）深耕会展产业链优势，推动发挥会展综合效应

外贸中心在自办展、展馆经营的基础上，进一步深耕会展产业链，发挥自办展和客展在会展产业链上的优势带动作用，推动了包括展览工程、广告、设计、餐饮、旅游、酒店管理等一系列会展产业发展。

2016年相关会展产业链下游产业均得到了长足发展。其中展览工程坚持“以客户为中心”服务理念，落实绿色发展要求，提升整体服务解决方案能力，开展对标管理和ISO质量管理体系建设，确保服务保障水平和质量稳中有升；同时提升营销拓展能力，坚持“整体解决方案”和绿色特装业务主线，带动各项竞争性业务成长。在展会餐饮方面，自有展会餐饮实现历史性突破，新大地展会餐饮业务实现多项突破，并在广交会展馆内推广和应用微信支付、支付宝支付、自助点餐平台等多种电子手段，为与会展客商就餐提供了便利。

二、2017年工作思路

（一）服务开放型经济发展，加快推动广交会创新求变

按照习近平总书记贺信和李克强总理批示指明的工作重点和努力方向，从对外开放全局和促进开放型世界经济发展的高度，加快推动广交会创新求变。

一是努力提升“四化”水平。在商务部、广东省和广州市的统领下，集中外贸中心和各交易团、商协会力量，构建面向中小企业和推动中国制造转型升级的组展网络；以外贸中心为主导，依托我国驻外经商机构和各交易团、商协会资源，构建面向全球的精准营销网络；以智慧广交会建设为依托，构建覆盖展前、展中和展后的智慧服务网络。通过立体化战略协同机制，集中全国的行业、企业、产品和营销资源，持续提升广交会的国际化、专业化、市场化和信息化水平，培育广交会的竞争新优势。

二是强化综合平台功能。创新广交会产品设计与贸易促进中心（PDC）、广交会出口产品设计奖（CF奖）、会议论坛组织模式，丰富资讯交流服务，举办个性化的精准贸易配对活动，强化广交会行业交流、信息发布、品牌推广、研发创新的平台功能。

三是创新招商模式。坚持数据驱动，通过社交媒体、视频招商和激励计划开拓多元化市场，提升招商精准度和到会引导实效，打造开放、共享、双赢的招商生态圈，稳步提升到会采购商数量和质量。

四是全面推进智慧广交会建设。着力打造以智慧服务、预展平台、智慧商旅、贸易匹配、广交会认证、企业推广等业务模式为核心的一站式线上线下同步服务，实现广交会营销创新化、管理智能化和服务便利化。

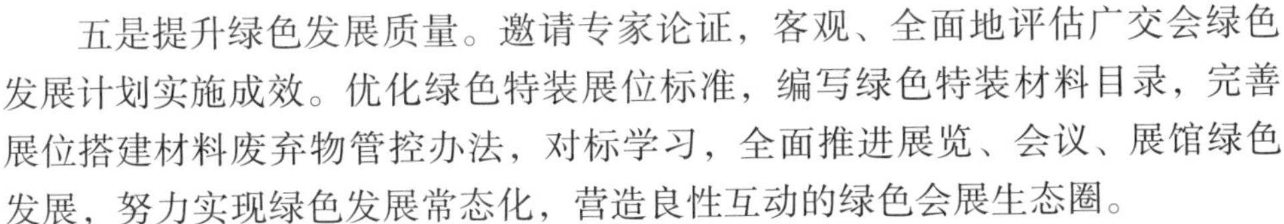

五是提升绿色发展质量。邀请专家论证，客观、全面地评估广交会绿色发展计划实施成效。优化绿色特装展位标准，编写绿色特装材料目录，完善展位搭建材料废弃物管控办法，对标学习，全面推进展览、会议、展馆绿色发展，努力实现绿色发展常态化，营造良性互动的绿色会展生态圈。

（二）服务中国展览业健康发展，充分发挥引领作用

发挥广交会标杆作用。以改革创新精神推动广交会常办常新，使广交会成为促进开放型经济发展的重要平台，成为支持企业开拓市场、做强品牌的助推器，成为引导外贸结构优化升级的重要基地，发挥综合贸易型展会的标杆作用。

巩固自办展领先地位。推动家具、建材、汽车等拳头项目的全国布局，强化展区亮点、引进新型题材，努力打造行业领先、国际一流的自有品牌展，提升中国展览业国际话语权；创新机制鼓励举办新展，尝试通过创办、合办、合资、并购等模式引进国际品牌大展落户，紧扣“一带一路”战略发展海外展览；完善馆展一体化，在展览档期、展览题材、展馆场租等方面全力支持自办展发展；以开放思维和市场意识大力开拓展览配套业务，完善全产业链协调发展模式。

带动国内展馆运营水平提升。深入、系统地总结大型场馆运营管理的成熟经验和做法，形成可复制可推广的模式，通过输出品牌、标准和管理，倡导智慧、低碳、环保、安全、便利、高效理念，提升中国展馆总体运营管理水平。

（三）服务国家会展战略布局，支持展览业做大做强

外贸中心将站在中国对外开放和展览业发展全局的高度，充分发挥穗沪两地展馆对优化全国商务事业战略布局的积极作用，推进穗沪两地协同发展。强化展馆信息和资源共享，统筹两地展馆资源开展展览项目合作，支持两地联动办展，发展两地展览配套业务。同时，以掌控中国最大的两个展馆所形成的独特优势，以集聚多个行业领先展会所形成的强大辐射效应，支持国内外好展、大展和新兴产业展会发展，促进中国展览业进一步做大做强。

（中国对外贸易中心）

2016年 广州会展业发展报告

Annual Report on Guangzhou Convention & Exhibition Industry Development 2016

会议篇

打造高端国际会议目的地，强化国际传播能力

2015—2016 年，在广州市委、市政府的正确领导下，广州市人民政府外事办公室（以下简称市外事办）深入学习党的十八大和十八届三中、四中、五中、六中全会精神，坚持以国际视野谋划更高层次的城市国际化，以国际会议引领国际交往中心建设，不断拓展对外交流与合作。近两年，市外事办围绕打造高端国际会议目的地这一目标，相关工作的开展情况如下：

一、规范国际会议报批程序

为规范全市国际会议报批工作，市外事办在全市范围进行摸查，汇总制定了全年落户广州的国际会议一览表，同时整理印发了《国际会议报批指引和案例》供相关单位参考，保证了相关单位顺利开展国际会议，有效提高了报批效率。市外事办还主动上门拜访举办国际会议较多的单位和机构，讲解国际会议报批政策，对不符合相关报批规定的国际会议或无法定义为国际会议的大型活动，当面耐心细致地沟通。2015 年，市外事办共受理国际会议报批申请 8 件；2016 年，市外事办共受理国际会议报批申请 11 件。2017 年 2 月底，市外事办配合广州市委、市政府梳理了 2017 年由广州市委、市政府及相关职能部门主办或承办的大型涉外论坛和展会。

二、打造高端国际会议目的地

借助和深化广交会品牌效应，促进会、展、奖、节全链条发展。2015 年 3 月份，广州市承办亚洲相互协作与信任措施会议 2015 年首次特别工作组和高官委员会会议，7 月份举办"2015 城市发展与规划大会"，10 月 29 日举办国际港口城市合作发展论坛，11 月 2 日举办"首期国际城市创新领导力研讨班"。2016 年，二十国集团（G20）峰会第二次协调人会议、亚欧互联互通媒体对话会、2016 广州国际友好城市圆桌会议、中国—海湾阿拉伯国家合作委

员会自贸区第七轮谈判、第二届对非投资论坛、2016 年世界经济论坛商业圆桌会议、第三届广州国际城市创新奖及 2016 广州国际城市创新大会暨首届广州国际城市创新节等数十场国际会议接连在穗举行，一方面有力服务了国家总体外交，另一方面有力增强了广州与世界的互联互通，展现了广州城市的软实力。外交部在《亚欧互联互通媒体对话会报告》中对广州给予高度评价。成功争取到 2017《财富》全球论坛和国际金融论坛全球年会（IFF）、2018 年世界航线发展大会、2019 年国际港口大会的举办权，有力地推动了广州建设国际会议之都进程。

三、强化国际传播能力建设

近两年，市外事办统筹用好央视、新华社、《人民日报》、《南方周末》、《广州日报》等近 50 家来自中央、省、市及境外的传统媒体和新媒体的传播力和影响力，在一系列对外交流活动中，传播广州正能量，发出广州好声音，“中国城市外交的排头兵”“亚欧互联互通的中坚力量”“广州朋友圈日益国际范”“广州刮起国际会议旋风”“创新创业来广州”引爆舆论，广州开放、包容、创新的城市形象传遍世界。

下一步，市外事办在进一步规范广州市国际会议报批工作的基础上，将统筹制订建设国际交往中心发展规划，明确发展目标和实施步骤。

（一）提升交往层次

以助推枢纽型网络城市和广州“三大核心枢纽”建设为目标，吸引具有全球影响力的国际组织以及区域性总部落户广州。继续深化与世界经济论坛、《财富》全球论坛、博鳌亚洲论坛、中国发展高层论坛等高端国际组织的合作，为广州经济社会发展量身打造新项目、新平台。继续发挥城地组织和世界大都市协会联合主席城市作用，依托广州奖和广州国际城市创新研究会，举办国际城市创新领导力研讨班，进一步提升广州在参与全球治理方面的领导力；办好 2017 广州国际创新节，助力广州市打造创新生态系统。深化与国际组织的合作，办好 2017 固体废弃物处理和资源化利用研讨会。办好 2017《财富》全球论坛，广泛邀请世界 500 强来穗参会，推动广州建设国际会议之都。办好广州—奥克兰—洛杉矶三城经济联盟广州峰会。

（二）打造交往品牌

发展“广州奖”品牌，丰富“会、展、奖、节”全链条内涵，提升广州市在全球城市创新领域的凝聚力、影响力和辐射力。加强与沿线国家和地区的开发开放和多层次经贸合作，重点打造“广州之路”“海丝博览会”等品牌，推动“一带一路”战略枢纽城市建设。

（三）完善交往服务

适度超前谋划和完善国际会议设施，以国际化的标准鼓励和要求会议场馆完善相关基础设施条件，争取更多酒店、会议中心等场馆具备国际会议的条件。加强基础设施的互联互通建设，提升广州交通基础设施对国际交往的总体支撑能力。

（四）高水平建设国际交往中心

加强战略谋划和顶层设计，积极开展国际交往中心系列课题研究，为推进城市国际化发展提供智力支持。推动设立广州市红棉国际交流合作基金会，强化对外交往资源整合。坚持以经济交往为引擎，打造市场化、法治化、国际化的营商环境，推动“千年商都”加快向“现代商都”跃升。坚持以重大国际会议活动为抓手，提升交往层次，扩大交往范围，完善交往服务设施。

（广州市人民政府外事办公室）

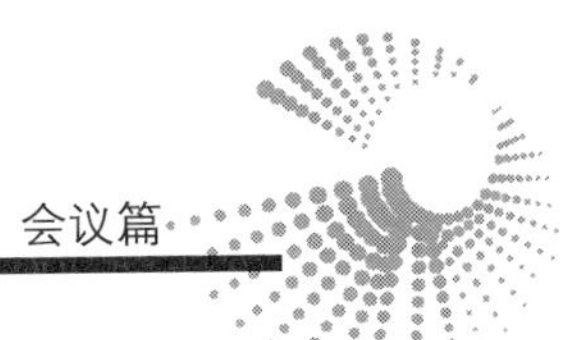

国内外著名会议城市发展经验

一、国内外会议城市的发展特点和评价标准

（一）柏林

1. **柏林会议业概况**

柏林是世界上最重要的会议和展览城市之一，是五大国际会议中心之一，柏林人注重环境与可持续发展，不遗余力地将柏林打造成为“绿色会议”之都。德国柏林旅游会议局发布的2015年最新会议统计数据显示，2015年柏林各类会议活动达13.5万次，参会人数达1140万人次，较2014年分别增长3%和4%。其中海外参会人数达230万人次，其中有1/5来自欧洲国家。统计显示，柏林各类会议中约有12%属于医药、科研、信息技术和电信领域，其次是政治与公共机构领域，约占11%。

2015年，会议业为柏林带来23.1亿欧元的收入和约4万个就业机会，成为柏林经济重要的推动因素。2015年在柏林过夜访客日均消费234欧元（约人民币1684元）。2015年，会议业为酒店业带来了750万次的过夜停留，这占到柏林所有住宿的1/4。

表1　2015年柏林主要会议活动

会议名称	会议时间	会议地点
第12届欧洲颅底外科手术大会	5月26—28日	柏林安德尔斯酒店
第18届国际植物保护学会大会	8月24—27日	柏林国际会议中心
第14届国际牙科麻醉、镇静和疼痛控制大会	10月8—10日	柏林洲际大酒店
世界卫生峰会	10月11—13日	德国外交部
德国骨科及创伤外科大会	10月20—23日	柏林国际展览中心
第7届国际社会化商业峰会	11月2—8日	柏林泰波霍夫机场
第6届国际TEMOS大会	11月15—17日	柏林Movenpick酒店

2. 柏林会议业的基础设施

柏林拥有数量庞大且各具风格的活动场地，会议相关的配套设施十分完善，可满足各种类型的会议活动场地需求。柏林众多的活动场地中，最为重要的就是柏林国际会议中心。

柏林可提供13.5万张床位。柏林的酒店性价比相当高，质量与服务水平一流，但是其消费开支却远远低于欧洲其他会议目的地。酒店业现代化程度在欧洲首屈一指，酒店服务周到细致。

表2　柏林主要会议场馆和酒店

会议场馆、酒店	场馆、酒店面积	场馆、酒店特色
柏林 CityCube	总面积33000平方米，8个展厅，47个会议厅	会议厅的墙体可以移动，可以满足不同规模会议的特殊需求
柏林国际会议中心	总面积10000平方米，30个会议厅，3000平方米展览厅	最大活动场馆位于底层，大部分场馆内采用自然光
柏林艾司特尔酒店	共有1125间客房，最大会议厅可容纳6000人	德国最大的酒店，建筑风格为现代主义
柏林埃德尔斯酒店	拥有570平方米舞厅，可容纳3000人	位于酒店14层的天空酒吧，可俯瞰柏林全景
柏林泰波霍夫机场	机场3030000平方米用于举办活动	柏林最大的建筑，也是世界第四大连续性建筑

3. 交通基础设施

柏林城市经济十分发达，但却很少堵车，这得益于柏林完善的公共交通系统和市民高度的环保意识。柏林交通四通八达，9条地铁、15条轻轨，以及众多有轨电车相互交错，形成欧洲最大的交通网络。柏林市民一般不开私家车出门，地铁、轻轨、公共汽车或者自行车均是柏林市民出门的主要交通工具。游客在柏林乘坐公共交通工具也十分方便，基本可以依靠公共交通工具到达柏林各个景点。柏林旅游局为游客准备了“柏林欢迎卡”，游客可根据自己在柏林停留的时间选择购买不同有效期的票，免去了乘坐公共交通时购票的麻烦。

柏林目前有两个机场，两个机场与公共交通设施连接十分紧密。泰格尔机场位于柏林的西北部，是柏林主要的国际机场。泰格尔机场距离柏林市中心 8 千米，机场的航班可直飞欧洲内部各地，机场与高速公路相连，有公交车和专线到达市中心。舍纳菲尔德机场位于柏林的东南部，距离市中心 18 千米，可乘坐区域火车、公交车、机场专线等交通工具往返机场与市中心。

柏林的火车站建成于 2006 年德国足球世界杯前夕，乘坐火车可到达欧洲各地和柏林各处。火车站内提供无线网络，且服装店、书店、食品店和日用品店一应俱全，可满足旅客的购物需求。

4. **历史文化胜地**

柏林历史悠久，自然环境优美。灿烂的历史、优秀的文化、别具一格的生活方式吸引了大批来自世界各地的游客。2011 年柏林旅客数量打破历史纪录，年度入住房数首次突破了 2300 万，成为继伦敦和巴黎之后的欧洲第三大旅游胜地。

柏林市内历史遗迹遍布，历史遗迹与现代化建筑相映成趣。柏林是世界上唯一一个拥有 3 家顶级歌剧院——国家歌剧院、德意志歌剧院和戏剧歌剧院的大都市。柏林每天约有 1500 场如音乐会、歌剧、戏剧、画展等文化演出。各类文化艺术活动精彩纷呈，让观众大饱眼福。

柏林拥有近 180 家博物馆，馆藏丰富。位于市中心的博物馆岛是柏林艺术领域的一颗明珠。博物馆岛由 5 座建筑组成，分别是老国家艺术画廊、老博物馆、博德博物馆、新博物馆以及佩加蒙博物馆。博物馆岛的规模和设计在全世界是独一无二的，1999 年被联合国教科文组织列入《世界遗产名录》。

5. **美食之都**

柏林被称为德国美食之都，餐馆相当物美价廉，美食种类繁多，从咖喱香肠到肉饼，各国美食齐聚。柏林拥有 13 家米其林①星级餐厅，共获得 16 颗米其林之星。

（二）新加坡

新加坡，带着活力四射的魅力，拥有许多对比鲜明、色彩斑斓的事物，集聚了不同文化、美食、艺术及建筑特色，与众不同得让人心动。新加坡有

---

①米其林是法国历史悠久的专门点评餐饮的权威鉴定机构，1900 年米其林轮胎的创办人出版了一本供旅客在旅途中选择餐厅的指南——《米其林红色宝典》，并在此后每年都有修订，渐渐，《米其林红色宝典》被美食家们奉为至宝，被誉为欧洲的美食圣经。

着亚洲最理想的举办国际会议的环境，包括合适的地理位置、便利的交通、良好的城市形象、国际化的语言环境、完善的会议展览设施、无可挑剔的服务等。

1. **新加坡会议业概况**

新加坡是著名的国际航运中心、国际金融中心、国际贸易中心和国际会议中心。在新加坡所获得的众多奖项中，包括连续11年蝉联国际大会及会议协会（ICCA）的“亚洲最佳会展城市”，国际协会联合会（UIA）公布的排名是最新荣誉。2012年新加坡创纪录地举办了150场ICCA会议，成为全世界前十名会议城市中唯一一个亚洲城市。在2012年UIA公布的年度报告中，新加坡继续保持世界领先的会议举办国家和城市的地位。新加坡连续两年获得“最佳国际会议国家”的称号，连续6年获得“最佳国际会议城市”的称号，再次巩固了其作为国际会议场地较佳选择的价值定位。

新加坡拥有高度的国际吸引力、优越的地理位置和通往亚洲市场的重要渠道，吸引了组织者在新加坡举办活动。2012年，共有952场会议在新加坡举办，几乎占据国际协会联合会全部会议的10%，举办的会议里面包括了由国际组织机构或具有显著国际地位的主办方组织赞助的会议。便利的交通条件、精致的会展服务、高效的行政效率等都是新加坡会议业突出的优势特点，其成熟的市场经验、完善的经营理念、品牌化的发展之路是世界各国各城市发展会议产业值得学习和借鉴的优秀案例。

2. **气候温和、交通便利**

新加坡地处马六甲海峡的入口，被称为“亚洲的十字路口”，地理位置优越，风景优美，地处热带，全年长夏无冬，气候宜人，年平均温度在24摄氏度至34摄氏度之间。发达的交通网络是新加坡发展会议产业的“看门本领”，作为亚洲主要的空运、海运和通信枢纽，新加坡在7小时飞行半径里的国家和地区被视为通商及经济发展腹地，囊括东盟其他国家、中国、印度、澳大利亚、新西兰、日本、韩国等广大的亚太地区，有超过100家国际航空公司飞往约300个城市和70个国家及地区。

3. **政府主导型运作模式**

新加坡会议业是典型的政府主导型运作模式，在这种模式下尽显政府对会展企业和市场强有力的宏观协调能力。政府作为主导会展产业发展的权威组织，其宏观控制能力强，政府的扶持和导向功能突出，尤其在会展产业基础设施建设前期资金的投入上。此外在城市整合营销、城市形象塑造等方面，政府的宏观层面功能突出。

2005 年，新加坡政府出资 1.7 亿新加坡元用于鼓励国内外会展会议业者带进更多、更大规模的商务活动，以吸引更多高端新兴行业到新加坡来参展、办展、办会。同时，鼓励更多的国际组织把亚太区总部设立在新加坡，以扩大新加坡在展会方面的国际影响力。其后，新加坡政府又注资 9000 万新加坡元以促进旅游及相关产业增长，而且为了减轻会展会议业者的经营成本，还专门为会展会议主办者特设援助资金，以更好地维护客户黏性与广度。

1974 年新加坡展览及会议署（SECB），协助会展公司开展工作，积极配合政府、引导企业，并以市场的手段推进，实施会展各行业的资源整合，增强会展运作的整体性、互动性。新加坡展览及会议署是最佳城市联盟的成员之一。最佳城市联盟是第一个建立认证程序的全球联盟，通过了英国劳氏质量认证（LRQA）标准，确保为所有合作城市提供同样高标准的会议服务。最佳城市联盟合作伙伴有柏林、开普敦、哥本哈根、迪拜、爱丁堡、休斯敦、墨尔本、芝加哥、新加坡和温哥华。

4. 旅游服务业发达

新加坡自 20 世纪 80 年代将现代服务业确立为经济发展的重要引擎以来，已经取得了举世瞩目的成就，服务经济已成为新加坡经济的主体。新加坡是世界旅游业最发达的国家之一。新加坡在城市建设中，注重对东西方文化的传承和保护，对具有中西方文化特色的民居加以特别保护和修葺，将其开发成旅游景点。新加坡是一个多元民族国家，节日众多，如春节、中秋节、屠妖节、开斋节等。除了传统的节日外，新加坡还有许多国际性的现代节日，如 3 月的时尚节、4 月的世界名厨峰会、6 月的艺术节、7 月的美食节等。新加坡注重将这些富有民族特色的文化节庆活动作为保存和展示历史文化的重要手段，将其与开发旅游、举办会展等活动有机融合，使之成为重要的旅游资源以吸引众多游客。

5. 硬件配备齐全、完善、质量高

新加坡博览中心、新达新加坡国际展览与会议中心（新达城）和莱佛士城会议中心三大会展中心及诸多的酒店配套设施，能够为宾客提供适合各种需求和预算的会展活动场地与环境，而且这些场地在提供一流会议设施的同时，也会提供住宿、餐饮、购物、娱乐等综合性设施，可以为宾客在商旅过程中提供最大化的便利性和多样选择。同时，一些新加坡的旅游景点将自身独特旅游资源与会展设施整合为一体，满足了部分宾客对趣味性和非传统会议场地的需求。此外，从价格合适的精品酒店到现代型的商务酒店再到豪华海滩度假胜地，新加坡拥有超过150家酒店和超过50000间客房。而且，到2018年，新加坡将进一步整合国内城市的酒店客房库存，完备设施，全方位地提供优秀的会议设施和通达的网络，建设成为更加出色的商务中心。

6. 培养人才和知识经济

极具前沿思想和创新意识的战略眼光让新加坡构建了以知识为基础的产业集群，并被充分运用于银行、金融、生物医学、信息技术、能源环境以及运输安全等领域。另外，新加坡拥有大约150个囊括各领域的国际非营利性组织，由此形成了意见领袖，政府高层官员和国际人士经常进行观点交流，进而为众多会议的筹建和召开奠定基础。而在人才培养方面，先由政府牵头、企业参与，形成会展教育基金组织，再由高等教育机构联合开发会展会议专业课程，开展相关学位教育，进一步推进会展会议职业化及新加坡本土人力资源的发展。同时，新加坡政府也会大量引进高学历、高技术的国际化人才，为新加坡的会展会议产业发展奠定了重要基础和组织保证。

（三）香港

1. 香港会议业概述

香港优越的区位条件、发达的交通网络增强了城市的可进入性，“三二一”的产业结构特征、强大的旅游业为会议业的发展提供了最优越的产业发展支撑，国际金融中心、航运中心、贸易中心为香港赢得了良好的美誉度和知名度，英语、粤语、普通话通用为会议业的发展提供了良好的交流环境。香港强大的城市综合实力是会议业发展的坚实基础与有力支撑，同时会议业也能够起到提升城市形象、优化城市产业结构、带动城市经济增长等作用，最终实现产城互动的良性发展。香港凭借其优良的设施、高效的运作和完善的服务，连续8年被西方权威杂志评为“全球最佳会议中心”“世界十大最佳会议及展览中心”“最佳会议中心”等。

根据ICCA对香港近年的会议统计资料显示，在香港举行的科技类会议最多，其次是医药、教育、科学、自然科学、工业、交通、管理、商贸、社会科学类会议。

2. 区位条件优越，交通网络发达

城市的可进入性是影响会议业发展的重要因素，便利的交通是国际会议目的地的必要条件。区位条件优越、交通网络发达有利于增加参会者的经济效益，降低参会的经济成本、时间成本等，也是香港举办国际性会议的优势所在。

香港在中国南部、南海之滨，紧邻珠江三角洲，位于经济增长傲人的亚太中心，同时为 170 多个司法管辖区提供免签证待遇政策以及发达的国际交通网络，会议旅客进出香港十分方便。

香港特区内公共交通服务种类繁多、安全快捷、四通八达，参会者不仅由原居住地进入香港极为方便，而且在香港特区内走动也十分方便。香港不仅有铁路、巴士、的士等发达的常见公共交通工具，还有电车、山顶缆车、轮渡等，它们能为在港的参会人员提供最大的交通便利。

3. 产业带动会议业发展

会议业是具有高增值性、高层次性、高技术性、高功能性、高知识性等特征的专业型服务业态，其发展离不开旅游、贸易、物流、信息技术等其他专业服务的支撑。香港以服务经济为特征的产业结构，在很大程度上带动了城市会议业的发展。

国际金融中心：香港是全球最活跃的金融中心之一，拥有先进的金融基础设施、世界级水平的金融专才、与世界标准看齐的金融监管制度，资金流动性和效率都很高。优良的金融环境，不仅有利于国际性会议的举办，也为香港争取到许多顶级的国际金融会议，强大的金融实力，为香港争取到许多国际性会议。例如，自 2007 年开始，由香港主办的亚洲金融论坛在短短的 4 年内已经成为金融界品牌盛会，2011 年的金融论坛共有 1700 名来自 30 多个国家和地区的代表参加。又如，环球银行金融电信协会（SWIFT）每年挑选 Sibos（国际银行营运研讨会）的举办城市，仅会考虑全球 20 个最受信任的金融中心，在亚洲只有 3 个城市符合资格，而 SWIFT 选择香港作为 2009 年会议的举办地点，会议共吸引近 6000 名代表参加。这些国际级金融盛会得以成功举办要归功于香港作为亚洲活跃的金融中心的吸引力。

国际航运中心：长久以来，香港充分利用其优越的地理位置和深水港的强劲优势，逐渐发展成为国际航运枢纽城市，这不仅为香港获得了较高的国际知名度，而且吸引了更多国际航运大会到港举行。2009 年，国际海事组织（IMO）首个在亚洲举行的外交大会在香港举办，再次凸显了香港作为国际航运中心的重要地位。在申办过程中，香港击败其他对手，获得 IMO 准予，成为首个举办 IMO 会议的亚洲城市。香港作为会议目的地再一次被认可，IMO 将会议签署的公约命名为《香港公约》。

国际贸易中心：香港是全球最自由的贸易地之一，坚决奉行自由贸易政策，对外贸易一直保持持续而稳健的增长，是世界公认的国际贸易中心。蓬勃发展的商品贸易与服务贸易，有利于会议服务跨境交付的实现和推动国际会议的发展。

跨国公司总部：香港政府采取开放和自由的投资政策，为商业运营提供良好的环境，吸引众多跨国公司在香港设立总部或驻港办事处，这些机构的设立为香港带来更多的国际性会议、公司年会等。

4. 畅通的语言环境

在香港，英语、粤语、普通话通用，多数当地人具备英语能力，参会者可以在香港以英语沟通、表达需求，这为香港国际会议业的发展创造独特的语言环境，有助于吸引参会者来访。

5. 发达的旅游业

旅游业对会议业的发展起到支撑作用，是影响会议业发展的直接因素。旅游业可为会议业提供配套服务及休闲娱乐项目，丰富会议内容，吸引会议参加者，提高参会者的出席率。香港旅游资源丰富，热门景点遍布市内。昂坪360、星光大道、浅水湾、珍宝坊、沙田赛马场等都是旅游热点。为了保持旅游景点的吸引力，香港政府不断筹建新的旅游景点和地标，如2011年香港推出了天际100、DHL Balloon等旅游项目。

亚洲盛事之都：香港精彩节日及盛事包罗万象，从热闹缤纷的本土节庆活动、世界级的艺术文化节目，到国际级的体育盛事，精彩纷呈。国际知名音乐家和本地流行歌手的音乐会、世界级的戏剧及舞蹈表演，令人目不暇接。

亚洲美食之都：香港特区内汇聚了逾11000家餐馆，部分餐馆设于著名的美食区。香港不仅可以提供一流的广东菜和大江南北的中华料理，还有地道的亚洲佳肴和西方美食。“美食之最大赏”的得奖餐馆，可为游客提供色香味俱全的香港名菜。

购物天堂：香港百物俱全，品牌汇聚，消费丰俭由人，可为游客提供独特的购物体验。从亮丽的大型购物商场，到本土风味浓厚的露天市场，从时尚精品店，到售卖中国传统商品的商店和主题购物区，商品琳琅满目，应有尽有。

6. 会议基础设施发达

香港有超过50个大小不同的专业会展场地，现时可提供的总展览面积已超过150000平方米。其中位于中心城区的香港会议展览中心、亚洲国际博览馆、九龙湾国际展贸中心等是香港目前最主要的大型专业会展场地，为在港举行的会议和展览提供场地支持。

香港的酒店具有良好的会议接待能力，成为香港会议设施的重要支撑。据香港旅游发展局统计数据显示，香港现在一共有 143 家酒店可以为会议举办提供场地，其中九龙有 59 家，香港岛有 61 家，新界有 23 家。会议室一共有 892 个，贵宾室一共有 47668 个。最大活动空间的总面积为 103150 平方米。此外，香港的高校、高级会所等另类场地成为香港会议场地的重要补充。

表 3　香港会议酒店概况

行政区划	会议酒店数量/家	会议活动室数量/个	最大活动空间/平方米	贵宾室数量/个
香港岛	61	368	38743	16514
九龙	59	317	43071	20352
新界	23	207	21336	10802
总计	143	892	103150	47668

注：数据来自香港旅游发展局网站

7. 政府高度重视

出台相关文件政策支持发展会议会展业。香港会议业的蓬勃发展与特区政府的政策引导密切相关。香港行政长官在《2007—2008 年香港特别行政区政府施政报告》明确表示政府会与会议及展览、旅游及酒店行业加强合作，提升香港的优势，增加香港作为国际及会议旅游之都的吸引力，要建立由一个跨界别督导委员会检讨及制订香港会展及相关旅游业的发展策略，以此提高香港政府在推广香港“亚洲会展之都”的工作成效，促使会展业及旅游业对香港的经济发展做出最大贡献。

设立会议会展专项发展基金。为了进一步巩固香港作为“亚洲会展之都”的地位，香港政府设立了会展发展专项基金，对不同规格的会议活动提供会议礼包及资金支持，致力将香港打造成为国际会议展览旅游目的地。

设立专门的会议机构。香港政府设立有会议部，对在港举行的会议进行专门的管理和指导，是政府的专门的会议营销机构，致力于香港的会议海外宣传活动及提供一站式的会议支持服务。2008 年 11 月旅游发展局在原有会议部的基础上成立了“香港会议及展览拓展部（MEHK）”，专门推广香港会议旅游的发展。除了会议营销，MEHK 还为在港的会议主办单位提供一站式协助和支援服务，其中包含会议纪念品与香港信息资料包、观光旅游与赞助表演等。

实施城市整体营销。自1994年起，香港推出会议大使计划，由香港本地的商界领袖、各界专业人士和学术翘楚担任会议大使，宣扬香港为举办国际会议的理想地点。会议大使与旅协（现为香港旅游发展局）合作紧密，积极向海外同行和业务伙伴传达有关香港的信息。

（四）北京

1. 北京会议业概述

北京是我国最早发展会议业的城市，目前是国内会议业最为发达的城市之一，已经形成了比较完整的产业体系。2014年北京共接待各类会议23万场次，举办国际会议约7000场次，远远高于国内的其他城市。根据ICCA发布的举办国际会议城市排名，北京的全球排名从1999年开始呈现逐步上升趋势。其中在2014年接待国际会议数量的全球城市排名中，北京居第十四位，是中国第一，亚洲第二。北京会议产业的国际影响力日益增强，无论是在国内还是国外，北京都已成为名副其实的“会都”。

2. 政府高度重视

出台扶持政策。北京市委、市政府早在2009年就提出了建设“国际会展之都”的战略目标，“十二五”规划期间就提出努力打造国际活动聚集之都的要求，会展业专项规划进一步明确了建设“亚洲会展之都”的目标任务。北京市旅游委为完善高端旅游促进体系还推出了一系列重要举措。自2012年起，北京市旅游委先后出台了《北京会奖旅游奖励资金办法（试行）》、《北京市旅行社入境奖励资金管理办法（试行）》、“72小时过境免签”等重要政策，为北京发展高端会奖旅游产业提供了强有力的政策保障。

成立会议产业联盟和建立高端旅游资料库。北京市旅游委建立的北京高端旅游与会议产业联盟和北京高端旅游资源库，为促进会奖旅游市场发展搭建了重要平台。据了解，北京高端旅游与会议产业联盟主要包括会奖旅游公司、会奖场地、会议组织机构、旅游教育、旅游专业媒体等会奖产业链上的各类企业，旨在加强业界交流、交易、合作促进，目前联盟成员已达200余家。北京高端旅游资源库集全市高端旅游资源、产品、服务商、买家、项目于一体，具备资料采集、资源展示、统计查询、信息沟通等功能。目前入库的资源单位已达400余家。

启动会议大师推动城市形象宣传。北京政府着力加强城市形象的宣传和推介，2012 年启动会议大师计划，来自首都科技、医药等行业、协会、高校的 30 位专家学者受聘为首批北京会议大使。他们通过在自己所处领域的地位及影响力，为北京争取了更多的国际会议举办机会，提高申会成功率。与此同时，北京还举办了“2012 中国（北京）国际商务及会奖旅游展览会”“国际奖励旅游管理者协会 2012 年全球年会”“第五届中国会议产业大会”等活动，让国内外同行深切感受到北京作为国际会议中心城市的发展水平。

3. **完备的会议基础设施**

国际上一般认为比较理想的大型会议场馆出租率是 45%，北京大型会议场馆利用率普遍较高，一般达到 50% ~60%，北京国家会议中心出租率甚至高达 80%，会议预定档期已经排到 2018 年。北京接待场所会议室数量在 2008 年第 29 届奥运会举办前后大幅增长，随后会议室数量总体趋于稳定。相关统计显示，2014 年，北京市拥有接待场所会议室 5593 个。其中，规模超过 500 座席的大型会议室 194 个，接待场所会议室使用面积为 81.7 万平方米，接待场所会议室可容纳 48.8 万人，会议设施的大型化特征十分明显。相关配套设施亦日益完善，截至 2014 年，北京市拥有星级饭店 581 家，其中四星级和五星级饭店合计 198 家，三星级、二星级、一星级饭店合计 383 家，饭店客房共 11.38 万间，成为北京会议业发展的重要依托。

目前，北京会议室面积超过 2000 平方米的会议场所有国家会议中心、九华山庄、北京温都水城和国贸大酒店 4 家。其中，国际会议中心最大，会议室面积达 6400 平方米，可举办 6000 人规模的特大型会议，大宴会厅 4860 平方米，可接待 3500 人规模的宴会。这些会议设施为北京承办大型、特大型国际会议提供场地支持。同时，大量具备大型会议室、宴会厅的新酒店和原有酒店改造新建的会议设施也成为北京会议产业的重要组成部分。随着北京会议产业的蓬勃发展，会议型酒店不断涌现。如北京富力万丽酒店，最大的宴会厅为 1344 平方米。再如北京新云南皇冠假日酒店，最大宴会厅为 1500 平方米。已开业 20 年的北京国际饭店在确定了“商务和会议型酒店”的新定位后，新建成的会议中心建筑面积 3.3 万平方米，是目前北京城区内规模最大、设施最先进完备的酒店附属会议中心。该会议中心 1 ~3 层设有多个可灵活运用的会议场地，拥有最大能容纳 1500 人的多功能厅，配有高速网络信息传输系统、多媒体放映机、投影仪等会议设施，同时提供专业录音、摄像服务，可接待不同规格、形式的国内外会议。

4. **世界著名旅游目的地**

北京是我国“四大古都”之一，拥有6项世界遗产，是世界上拥有文化遗产项目数最多的城市。北京是一座有3000余年建成史、800余年建都史的历史文化名城，拥有众多历史名胜古迹和人文景观。作为全国的政治文化中心，北京的历史文化积淀深厚，文化资源潜力巨大，堪称独具魅力的世界名都。

5. **特殊的首都效应**

北京是中国的首都，是全国政治中心、文化中心和国际交流中心，是中国经济、金融的决策和管理中心，具有重要的国际影响力。中央政府各级职能部门和各类行业协会汇集于此。得天独厚的政治区位优势和特殊的首都环境，吸引着大量的国际、国内会议在京举办。北京是我国举办各类会议最为集中的城市，也是我国举办国际会议数量最多的城市。从会议市场开发和国际会议组织拓展的角度看，北京作为首都城市，具备独特的资源优势：一是可以协调或协助联合国及其附属机构、专门机构和其他重要组织的驻华机构举办国际会议，提高北京在国际政务和综合会议领域中的国际地位。二是全国性行业协会通过加强与本领域国际或区域性行业组织的联系，组织举办本行业的国际会议，提高北京在商务会议和企业会议领域中的国际地位。三是全国性的学术组织通过加强与本领域国际学术组织的联系，组织举办本领域的国际会议，提高北京在学术会议领域的国际地位。

6. **优越的交通区位条件**

北京的交通体系在全国处于领先地位。铁路方面，北京拥有全国最大的铁路枢纽网。高铁方面，北京是我国高铁最四通八达的城市，目前北京高铁可以直达全国193个城市。航空方面，北京首都国际机场是亚洲第一大国际机场，拥有覆盖面最广的国内航线网络和日益强大的国际及地区航线网络，连通全世界50多个国家和地区，包括国内航线120多条，国际航线110多条。公路方面，经过多年建设，北京环形加放射状的高速路网络系统已经成型，形成了四通八达的对外交通骨架。

7. **中国最大的会议客源地**

北京是中国第一会议客源地。2015年第八届中国会议产业发布的报告显示，在已经统计的18个城市中，北京作为客源地，对上海、天津、广州、重庆、南京、贵阳、西安、成都、海口、大连、三亚、桂林、厦门、昆明等14个城市的基于百度指数得出的吸引力指数均排在首位。北京成为多个城市最大客源地的原因是北京在会议活动主体上优势很大。会议活动主要是三大主体：大企业、协会、政府等事业单位。国内大企业总部多在北京，国际品牌也多倾向于在北京设分总部；协会方面，全国性的协会多在北京；北京的政府、学校等事业单位也比较多。北京作为中国最大的会议客源地，这也是支撑北京会议产业蓬勃发展的一个重要因素。

（五）上海

1. 上海会议业概述

随着国际会展行业组织和国际知名会议企业纷纷落户上海，上海召开国际会议的数量不断增长。根据上海市旅游局国际旅游促进处、上海旅游会展推广中心统计，2014—2015 年度，上海共举办国际会议 613 个。其中，公司会议 102 个，占全部的 16.6%；协会会议 206 个，占全部的 33.6%；专题研讨会及论坛 285 个，占全部的 46.5%；其他会议（包括政府会议）20 个，占全部的 3.3%。从 ICCA 年度报告所提供的数据显示，上海位列亚太区第九位，中国区第二位，仅次于北京。

首先，上海的专业性会议发展迅猛，如信息技术方面的华为云计算大会，会议展览方面的 ICCA 全球年会，文学历史方面的甲骨文全球大会，医学方面的国际脑中风研究顶级会议、上海国际医疗保健旅游大会等都较为活跃。其次，上海本着金融中心的地位，积极着力发展以金融性会议活动为主的会议产业。另外，上海是中国大陆投资性公司和跨国公司地区总部最集中的城市，因此上海的企业会议的国际化比例在国内最高。

2. 政府高度重视

上海早在“十二五”时期就开始高度重视会议业的发展。根据《上海市国民经济和社会发展第十二个五年规划纲要》要求，上海要大力发展服务贸易，成为一流的国际服务贸易中心城市，“十二五”期间，上海要重点培育和引进一批国际知名会议。要求到 2015 年，举办 300 个左右的有较大影响力的国际性会议，重点培育和引进 20 个左右国际知名会议（论坛）。会展业“十二五”规划还提出要逐步建立会展行业的市场化管理制度，尽快完善会展业的立法保障机制，探索制订《上海市国际性会议（论坛）管理办法》。

为促进上海会展旅游业的发展，加大上海旅游与本市各行业的融合度，上海市旅游局自 2006 年开始聘请“上海会议大使”，截至 2016 年 11 月，这个团队总人数已达 104 名，分别来自医学、城市建筑、社会科学、信息电子科技、半导体、物理学、国际关系、船舶工业、食品科学、经济学、心理学、艺术、地理、航运、金融等20余个学术领域以及酒店旅游媒体、会展、商务旅行行业。目前，上海是中国国内率先推动“会议大使”项目的城市。

3. **完善的会议硬件设施**

上海拥有良好的会议硬件设施，最为知名的上海国际会议中心拥有28个大小不等的多功能会议厅，其中最大的会议厅4400平方米，可同时容纳3000人。此外，上海的高星级酒店也具备良好的会议接待能力。如上海世茂佘山艾美酒店设有可容纳多达1800位客人的无柱式豪华宴会厅、470个座位的礼堂、7间会议室和2个室外场馆。除此之外，上海的专业展馆也拥有一定的会议配套设施，如上海光大会展中心配套的会议中心拥有1300平方米、配备6声道同声传译的大型多功能厅豪华宴会厅以及43个不同风格的多功能厅、豪华贵宾厅、演示厅，成为上海会场数量最多、设施最齐全、服务最全面的会议中心之一。

4. **外交活动促进会议业发展**

上海是我国的外交重镇，在服务国家总体外交方面扮演着重要角色，近两年到访的外国重要团组层次高、数量多、影响面广。通过全方位对外交往，增进了上海各领域的国际合作，每年都有600万~700万国际入境游客到访上海，共有69个国家在上海设有领事机构，有20个国家的81家媒体的115名外国记者常驻上海，每年在沪举办国际会议100多个，上海国际友好城市已有52个国家的71个城市或地区，与88个国家的377个民间友好组织建立友好关系，合作领域广、项目多、效果好。与上海结交友好城市的58个市级友好城市，遍布欧洲、美洲、非洲、大洋洲和亚洲的52个国家。可见上海重视缔结国际友好城市，促进上海各领域的发展。这对于促进上海会议业的发展特别是促进上海国际会议的发展水平有着重要作用。

5. **区域协作共同发展**

相较于其他旅游资源丰富的省市，上海的自然资源比较稀缺，没有充足的名胜古迹，没有非常著名的山水景点，在传统意义的旅游资源概念中，上海缺乏优势。上海的旅游资源从空间分布来看，主要集中于市区，四级以上的优质旅游资源大多分布在黄浦、徐汇、卢湾等中心老城区，且以人文旅游资源为主。相比之下，郊区则以自然景观类旅游资源为主，但资源优质等级不高。游客来沪旅游的主要景点仍集中在外滩、城隍庙、陆家嘴、南京路步行街、徐家汇等景点，以一日游的观光及休闲购物为主，到访率逐年下降。长三角地区与上海地缘相近、血缘相亲、文脉相连，旅游资源丰富，具有很强的互补性，上海的都市风情、江苏的文化旅游与浙江的自然山水相互映衬，三地的旅游资源强强联手，共同促进旅游业的发展。2010 年，由于世博会的辐射和延伸，一批高层次的主题论坛、国际研讨会在宁波、苏州、无锡、南京、绍兴和杭州等城市举行。长三角各城市之间的合作交流，进一步加强了区域内的会议和旅游资源的互补，推动了区域经济的良性互动。上海与长三角的互动合作，加强地区间的资源整合，提升与会者选择上海作为会议目的地可供选择的旅游资源，进一步提升了会议目的地的竞争力和发展水平。

6. 外商聚集与总部经济发达

上海是中国的经济中心、金融中心、贸易中心和航运中心，是全国综合经济实力最强的区域之一。上海是中国总部经济水平最高的城市之一，聚集了一大批跨国公司地区总部和国内大型企业集团总部，在对上海城市起到重要推动作用的同时，也为会议产业的发展提供有力的支撑。目前，上海已成为外资跨国公司全球战略布局和协同体系的核心之一，是中国大陆投资性公司和跨国公司地区总部最集中的城市。截至 2014 年 10 月底，外商在上海累计设立跨国公司地区总部 484 家、投资性公司 295 家、研发中心 379 家，其中跨国公司亚太区总部达 24 家。另外，就外资企业数量来看，目前上海外商投资企业超过 6 万家，国内排名前列。因此外商投资企业在上海举办各类会议数量十分可观。可以说，上海的企业会议的国际化比例在国内是最高的。

（六）成都

1. 成都会议业发展概况

近年来，成都获得了多个会议产业领域大奖，是我国会议产业发展速度最快的城市之一。成都力求打造西部的国际会都。成都国际会议目的地城市建设取得显著成效，办会环境、服务水平和集聚效应进一步提升，作为高端国际会议中西部办会首选目的地城市的领先发展地位更加巩固。在《财富》全球论坛和世界华商大会效应带动下，成都适宜举办国际会议的美誉在国内外会展业领域广泛传播，成都大力引进国际国内品牌会议的开放意识和积极举措对国内外知名会议组织者产生了强大吸引力。

数据显示，2008—2013 年间，成都举办会议由 2008 年的 1.4 万个增加到 2013 年的 1.92 万个，会议直接收入从 2.10 亿元上升到 5.30 亿元。（如表 4 所示）2014 年，成都全年举办重大展会活动 530 个，实现增加值超过 310 亿元，预计占全市生产总值比重超过 3%。成都紧密结合自身的科学技术产业资源优势，着重发展文化类、科技类会议活动。如中国国际软件合作洽谈会、口腔医学成都论坛、东亚峰会清洁能源论坛、全球移动游戏开发者大会、中国—欧盟投资贸易科技合作洽谈会。

此外，成都市的展览业和会议业并驾齐驱，除了北京、上海外，国内少有城市能做到会、展并举。

表4　成都2008—2013年会议数量和直接收入

年份	会议数量/万个	直接收入/亿元
2008	1.40	2.10
2009	1.48	2.44
2010	1.55	2.84
2011	1.78	3.51
2012	1.89	4.53
2013	1.92	5.30

注：资料来自成都市统计局

2. 区位及交通

成都是中国西部的特大中心城市，地处“一带一路”与长江经济带交汇点上，是西部地区的科技、商贸、金融中心和交通通信枢纽，腹地优势和区位优势明显。成都是国内第四大航空枢纽城市，随着更多国际航线的开通，从世界各地抵达成都也变得愈加便利。成都双流国际机场是中国中西部地区最大的机场，已开通直飞伦敦、阿姆斯特丹、法兰克福、圣弗朗西斯科（旧金山）、墨尔本等城市的80余条国际航线。同时，成都也已开通面向欧洲、亚洲的蓉欧快铁、中亚班列，从成都出发的货物，13天即可直达波兰罗兹。

成都还是中国西部第一个实行“72小时过境免签”政策的城市。如果持有有效的第三国签证和联程机票，来自51个国家的乘客能够在此停留3天。

3. 政府高度重视

2010年，成都在全国的副省级城市当中率先设立了博览局，《成都建设国际会议目的地城市发展规划（2009—2015）》等会议行业指导性文件及规划相继出台，从政府支持和宏观管理的层面上促进了会议业科学高效的发展。2013年成都博览局正式加入国际大会及会议协会。同年，成都财政局、博览局共同发布《成都会展业专项资金管理办法》和《2013年度成都会展业专项

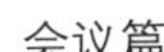

资金实施细则》。2014 年成都市博览局加入国际展览与项目协会（IAEE），成为中国首个以会展管理机构名义加入 IAEE 的城市。

4. **社会文化及旅游资源**

成都于 1982 年成为首批国家历史文化名城，2006 年被国家旅游局和世界旅游组织联合评定为“中国最佳旅游城市”。《纽约时报》评出 2015 年世界上 52 个最值得旅游的世界城市，成都榜上有名。成都拥有古蜀文化、三国文化、大熊猫文化、餐饮文化等特色文化，坐拥都江堰—青城山“世界自然文化双遗产”，多个国家、省、市级风景名胜区，以及宽窄巷子、三圣花乡·五朵金花、锦里、欢乐谷等新生景区景点。悠久的历史、灿烂的文化和丰富的旅游资源，为打造国际会议目的地奠定了优良基础，也为促进会议产业与文化、旅游融合发展提供了现实条件。

5. **会议基础设施**

成都作为中国的二线城市，其会议和酒店设施在数量和面积方面虽然无法和一线城市北上广深等相比，但在我国中西部地区仍处于领先位置。成都主要的会议中心，如表 5 所示。

表 5　成都主要会议中心

会议中心名称	会议中心面积/平方米	可容纳人数/人
世纪新城国际会议中心	30000	3000
成都加州花园酒店会议中心	2596	1200
成都香格里拉大酒店会议中心	8100	1800
锦江宾馆会议中心	550	300
成都天府丽都喜来登国际酒店会议中心	600	350
索菲特万达酒店会议中心	400	400
望江宾馆会议中心	1700	500

注：数据来自成都市博览局

酒店设施情况。根据《中国星级饭店统计公报》显示，成都现已拥有 72 家四星级以上的酒店，处于中国中西部地区领先地位。同时，凭借西部大开发政策的大力支持，成都吸引了大量的城市基础设施投资以及外商直接投资，成都经济特征出现规模大、开放程度高和多元化的积极现象，这也使得众多国际饭店运营商前来入驻。根据 2013 年中国旅游饭店协会发布的对国内 35

个城市和251家饭店及饭店管理公司调查总结得出的《中国饭店市场城市景气分析》报告显示，2012年，成都酒店饭店行业市场活跃度较高，其中，会议会展旅游消费对酒店业绩提升明显。这再次说明了成都的会议会展产业与酒店产业形成了相辅相成的发展关系。

6. 世界美食之都

天府之国的四川物产丰富，饮食文化源远流长，川菜已经作为四川特有的文化形态蜚声海内外。作为川菜发展的大本营，成都餐饮业的蓬勃发展，得到了中国餐饮界和国际组织的高度认同和肯定。2010年初，联合国教科文组织创意城市网络授予成都市“世界美食之都”荣誉称号，这标志着成都成为亚洲第一个世界美食之都。

7. 总部经济和领事机构情况

截至2015年6月底，落户成都的世界500强企业达265家，投资领域集中在先进制造业和现代服务业，涉及电子信息、汽车、航空制造、新材料、金融、保险、商业零售、物流等数十个行业。落户成都的世界500强企业数量、投资额和行业面均居中西部城市之首。

截至2015年，成都已获批的驻蓉领事机构达13家，仅次于上海、广州，数量在中西部地区独占鳌头，成为中国领馆“第三城”。

二、国内外著名会议城市的共性特征分析

从上述的国内外著名会议城市的特点与特征来看，国际会议城市需要具备几大条件：国际著名旅游、历史文化名城，一国首都或者地区中心，国际性城市，国际化的会议场馆设施，便捷的交通网络和综合服务体系，较完备的接待能力，良好的气候环境和社会环境等，除此以外，城市产业发展特点、跨国总部经济数量、外交活动的多寡等因素也是影响一个城市会议业发展的重要因素。

（一）高效有力的会议管理机构和行业平台性服务机构

按照国际会议协会对会议管理机构的分类主要有旅行社、观光局或会议局、会议展览中心等。如会议局（CVB）又称会议旅游局，成立的宗旨是整合协调地区各项旅游资源与功能，长期提供或指导宾馆和会议中心的行销信息及策略，发展会议产业和旅游业，为城市带来整体经济效益，提高地区形象。

国际上绝大部分会议产业发达的国家和城市大多成立了官方或半官方性质的具体负责机构，在促进会议产业的发展中充分发挥主导与管理作用。比如，美国有会议专业管理协会（CPMA），德国有会议推广局，巴黎有独立的会议与观光局，奥地利有会议推广局，维也纳有会议推广署等。德国会议促进局（GCB）负责管理德国境内的国内外会议有关事务，它不仅是世界知名的会议产业协会之一，而且在德国会议产业的发展中也充分发挥了其行业管理作用。此外，发达国家还各自成立了行业平台性的服务机构，搭建起政府与行业、社会沟通协调的桥梁，对整个行业的发展起到了协调与促进作用。这种情况在国内会议业发达的城市也有充分的体现。2012 年，北京、上海、宁波、成都、厦门等城市成立了专门负责会奖旅游的相关部门，北京、上海、杭州等 8 个城市成立了中国会奖旅游城市联盟。与此同时，行业联合和行业自律也越来越得到重视，中国旅行社协会会奖专业委员会的成立就是一个标志。

（二）便捷的交通网络和先进完善的基础设施

能否成功举办国际会议的重要因素是基础设施是否完备，基础设施包括举办会议城市所处的地理位置、交通网络、会议场馆、服务质量以及会议场所的环境。这些先进而完善的会议设施等因素，是国家成功举办国际会议必备的共同特征。比如，地处欧洲中心地带的德国，有欧洲交通枢纽功能的法兰克福机场，有与世界各大洲十分便捷的交通网络和全国发达的公共交通系统。此外，良好的基础设施和舒适的旅行服务，各个城市高效率的会议执行能力与各种活动保障机制，大量专业型会议服务机构和组织人才，以及旅游、娱乐、体育和特殊活动等相关产业配套，丰富而独特的文化资源使德国柏林的会议产业在国际市场有极大的吸引力。

世界著名会议城市都拥有一流的会议硬件及完善的配套设施。被誉为典型代表的柏林国际会议中心是欧洲最大、最现代化的专业会议中心，该中心可以承办诸多展览伴随型会议，是至今世界很多会议中心的设计范本。再以北京为例，北京的会议业硬件和水平具有明显的优势。北京拥有大小会议室近 6000 个，具备能同时接待 50 万人的国际化标准会议场地。北京国际会议中心是亚洲最大的单体会议中心，被誉为会议业的航母。

（三）政府和行业协会长期对国际会议进行有效的推广和宣传

发达国家会议产业的发展与政府和行业协会的共同努力密不可分，政府和行业协会在对国际会议的营销推广上都发挥着关键性的作用。国际会议作为一种具有明显“外部经济性”的无烟产业，发达国家政府都十分重视，并把会议产业列为地方重点发展的产业，地方政府也加大力度来组织与推广，甚至提供财政支持。如德国柏林会议推广促进署为在柏林举办会议的各类组织和机构提供切实有效的联络和支持服务，同时，在全球范围内对柏林的会议产业进行推广和宣传。该机构建立了英德双语的官方网站，提供一切有关柏林会议、大型活动、奖励旅游等方面的实用信息和数据，并随时发布柏林会议产业的新闻和广告。伦敦的运营模式，是整合一个统一的组织，直接隶属伦敦市长，进行跨境整合营销，擅长用说故事的方式来吸引更多人到伦敦旅游、开会、留学等。哥本哈根则建立保证公正透明的公私合营城市营销组织，强调到这个城市来开会，不一定有经典，但一定要有所创新，将会议和创新巧妙结合起来。巴塞罗那和维也纳则是以策略联盟的方式，让客户在两个城市轮流举行他们的会议，客户只要签订一个协议，就可以享受到两座城市相对应的服务了。

（四）专业型会议服务机构和组织人才

国际会议数量的增加和国际会议的特殊要求促进了发达国家相关人才队伍、服务公司的发展与壮大。成熟而专业的会议服务公司均具有 PCO（专业会议组织者）或 DMC（目的地管理公司）所需要的专业会议组织人才和能力。同时，各国政府对人才的培养也极其重视，在各类高等院校和旅游、职业院校都设立相应的学科，加强此类方向人才的培养，满足了社会的需求。

（五）丰富而独特的历史文化资源

国际和国内知名会议中心城市往往拥有丰富的文化旅游资源，一般还是重要的旅游城市。一个地方的历史、文化、自然风光等旅游资源对参会者具有天生的吸引力，拥有丰富的文化旅游资源是拉动会议产业发展的极为有利的因素，从而形成会议业和旅游业协同发展的局面。如国内大部分旅游业发达的城市也有着发展不错的会议业，会议业发达的城市也多为旅游发达之地，且不说公认的北京、上海这两个城市，会议业迅速崛起的成都、杭州、大连、南京、苏州、昆明等无不遵循此规律。旅游资源欠缺的，或者旅游业不发达的，当地会议业的发展水平也大多一般。可以说，成功的会议目的地一定是旅游产业发达的地方。然而旅游业发达并不一定能保证该地的会议业发达，

这是因为如果缺少其他的条件，如会议业赖以生存的商务酒店和会议中心，也无法吸引足够多的会议。另外，发达的休闲旅游业、优越的购物场所也是重要的文化旅游资源，同样对旅行者具有较强的吸引力。

（六）地理环境、气候及安全性

国际会议中心城市一般具有宜人的气候。一年中气候舒适的时间越长的地方，就越有可能吸引到越多会议。目前国际会议城市基本上都位于温带和亚热带区域，仅有个别国际会议中心城市位于热带或寒带区域。另外，环境也是会议目的地吸引力的影响因素之一。这里的环境不仅包括自然或景观环境，还包括安全性的社会环境。优美的自然环境、安全的社会环境都是支撑城市会议产业发展的重要因素，有时甚至可以抵消或消除其他不利因素的影响。例如，新加坡是一个美丽清洁的岛国，享有“花园城市”的美誉，而且新加坡的犯罪率极低，是全世界屈指可数的安全系数很高的大城市。适宜的环境条件弥补了炎热气候的缺陷，使新加坡成为世界著名的国际会议中心城市之一。

（七）城市高度发达的综合服务水平

会议产业会受到其他服务业发展水平的影响和限制，高度发达的服务业能够为会议产业的发展提供重要支撑。一般来说，会议发起或策划主体选择会议目的地的时候，都会考虑当地服务业的发展水平。事实上，影响会议产业发展的服务业领域非常广泛。包括住宿、餐饮、交通、旅游、信息服务、文化娱乐等诸多行业。在大型会议活动举办期间，对这些行业的服务需求会急剧上升，满足这种突发性需求具有一定的挑战性，从而对服务业的发展水平提出了更高的要求。

（八）会议发起主体特点

1. 城市学科领域的先进水平会影响学术型会议发展

学术会议特别是国际性的学术会议，往往会在某一学科力量比较强大的城市举办。某一学科的研究机构如果有处于领先地位的科研水平，有影响力大的学术带头人，往往会与其他地方的学术机构、从业人员进行学术交流，举办学术会议。如果申办国际社团会议，社团组织会认真考察某一国家和城市在该学科领域里的历史和目前的发展水平：重大成果、研究机构、从业人员等。杭州市有着众多的科研机构、高等院校，如著名的浙江大学、中国美术学院等，它们与国际上一些著名的科研机构合作，每年要举办一些高端的学术会议、论坛。

2. 城市产业特点影响专业性会议业发展

国内外知名会议城市的发展经验表明，一个城市的某个产业突出，将影响相关类型的会议业的地点选择。如香港是全球著名的国际金融中心、航运中心，这些产业美誉度和知名度为香港争取到许多顶级的国际金融会议、国际航运大会。又如机器和设备制造业、医药、科技是柏林工业的支柱产业，而在柏林每年举行的各类会议中，约有12%属于医药、科研、信息技术和电信领域，因此，城市产业结构和会议类型之间的关系不言而喻。

3. 总部经济和外交活动发达促进会议业发展

经验表明，许多城市的会议业发达，首先是本地的会议数量多，本地“生产”会议的企业、社团发达。例如，北京是央企总部和跨国公司地区总部经济所在地，而上海是全国重要的经济中心，大批知名跨国公司的亚太总部落户上海，这些大企业不但自己在北京、上海举办数量众多的会议，而且也吸引着下游供应商和合作伙伴在京沪两地落户、举办会议。我们在观察国外的世界会议城市，如柏林、新加坡、伦敦、巴黎等，无一不是众多跨国公司的总部吸引地和外交活动活跃地，跨国公司的设立及外交活动的发达为这些城市带来更多的国际性会议。

（广州市社会科学院　邱志军）

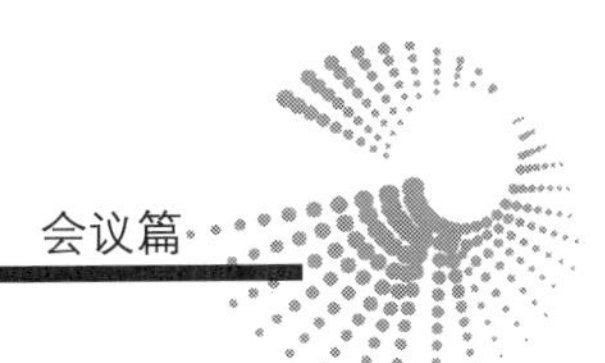

广州会议产业吸引力比较及发展路径研究

会议业涉及领域宽、影响面广、关联度高，对贸易、旅游、酒店、交通、金融、房地产、零售等行业发展均具有强大的拉动作用，对城市经济具有拉动作用，还能提高城市知名度、促进信息传播、扩大对外交流等，能够产生显著的经济效益和社会效益，被誉为经济社会发展的“风向标”。一个城市举办会议，特别是国际会议的多少，象征着该城市经济、政治、文化、科技等诸多方面的实力，是衡量该城市能否成为国际重要交往中心的标志之一。本文从城市综合服务水平、硬件设施、交通可达性、气候与环境、文化旅游、会议发起主体、政府支持力度方面，对广州和国内会议产业发展较好的城市进行比较分析，找出广州会议产业发展的优势、潜力和短板。

一、城市综合服务水平

如表 1 所示，2015 年广州社会消费品零售总额达 7933 亿元，明显低于北京（10338 亿元）和上海（10056 亿元），但高于深圳（5018 亿元）、重庆（6424 亿元）、天津（5246 亿元）等城市，规模在所比较的城市中排行第三。从服务业占地方生产总值的比重看，2015 年广州服务业占比为 66%，排名第三，明显低于北京（81%），略低于上海（68%）。从行业看，与会议产业密切相关的服务业，广州拥有一定的比较优势。综合来看，广州的商业水平和服务业水平，以及与会议产业密切相关的服务行业发展都具有一定的优势。总之，综合服务发展水平没有构成制约广州会议产业发展的短板。如表 1 所示。

二、基础设施及可进入性

（一）酒店等基础设施情况

酒店是支撑会议产业发展的重要硬件设施，酒店的数量、规模、星级、

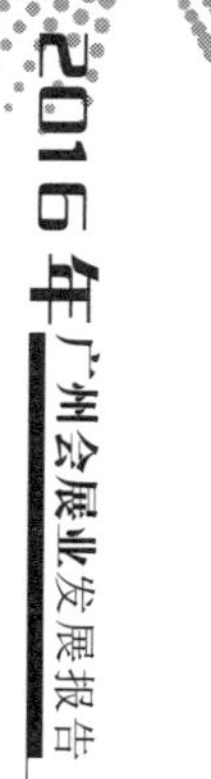

表1　城市会议产业吸引力评价体系及数据

一级指标	二级指标	广州	北京	上海	深圳	成都	杭州	苏州	西安	重庆	厦门	天津
城市综合服务水平	社会消费品零售总额/亿元	7933	10338	10056	5018	4946	4697	4425	3405	6424	1168	5246
	服务业占比/%	66	81	68	58	53	58	50	59	48	56	52
	批发和零售业占比/%	15	10.5	15.5	10.4	7.5	8.1	13.5	11.5	8.6	10.1	12.4
	住宿和餐饮业占比/%	2.7	1.8	1.5	1.9	3.3	1.6	2.6	2.6	2.2	2.4	1.5
基础设施及可进入性	星级酒店数/个	181	523	240	112	71	176	112	94	236	72	93
	民航旅客吞吐量/万人	5520	8994	9919	3972	4224	2835	0	3297	3240	2181	1431
	铁路客运量/万人	13657	12820	9692	5680	8047	4689	3742	4000	3987	8700	3686
	高铁可达城市数量/个	214	259	235	179	107	210	107	44	103	93	163
	城市轨道交通数量/条	10	19	14	8	4	3	2	3	4	0	5
气候与环境	气候适宜指数	5	5	4	5	5	4	4	4	3	6	5
	全年达到I级和II级空气质量天数占比/%	79	51	77	96	59	71	72	70	80	99	60
	城市绿化率/%	45	47	39	45	44	39	40	42	40	40	35
	安全指数	77.7	82.6	82.7	68.6	65.3	83.2	71.1	64.1	78.5	79.7	72.3
文化旅游	4A、5A景区数量/个	22	77	49	8	22	37	28	26	69	13	35
	世界遗产数量/个	1	6	0	0	1	1	1	3	1	0	0
	接待国内旅游者/万人次	4854	26859	27569	4157	18900	12040	10631	13601	—	5719	—
	接待入境旅游者/万人次	803	420	800	1219	230	342	149	121	253	317	356

（续上表）

一级指标	二级指标	广州	北京	上海	深圳	成都	杭州	苏州	西安	重庆	厦门	天津
企业主办或发起主体	世界 500 强企业数量/个	3	52	8	5	0	0	0	2	0	0	1
	中国 500 强企业数量/个	14	101	27	18	11	11	11	7	13	4	13
	上市公司数量/个	117	492	367	307	73	110	91	39	57	49	56
	全国性社会组织数量/个	8	1845	42	12	3	11	5	4	3	9	10
	国际性会议数量/个	16	95	55	0	13	27	5	11	0	8	8
	普通高校数量/个	71	83	63	5	44	36	18	49	53	14	45
政府支持力度	产业政策与规划	1	1	1	0	1	1	1	1	0	1	0
	政府税收优惠和扶持	0	1	1	0	1	1	1	1	0	1	0
	政府营销和推广	0	1	1	0	1	1	1	0	0	1	0

注：1. 数据无特别说明的主要来自各个城市的 2015 年统计公报和 2015 年统计年鉴

2. “星级酒店数”数据来自《2015 年中国旅游统计年鉴》

3. “高铁可达城市数量”中，广州、北京、上海、深圳、杭州、天津城市数据来自中国铁路客户服务中心网站，为中国铁路总局在 2016 年 5 月 5 日调整线路后公布的数据。其他城市数据是作者在 2016 年 8 月 30 日根据中国铁路客户服务中心网站提供的经过该城市的站点的高铁路线中计算得出的

4. “铁路客运量”指标中，成都的是 2013 年数据，其余城市为 2014 年数据

5. “城市轨道交通数量”是作者 2016 年 8 月根据网上资料统计整理得出

6. “气候适宜指数”：用舒适月份个数来度量气候舒适指数，即一年之中最舒适指数（THI）在 17 ~25 之间的月份个数。THI 的计算公式为：$THI = t - 0.55 \times (1 - f)(t - 14.47)$，$t$ 为气温，f 为相对湿度。相关数据来自中国气象数据共享服务网

7. “安全指数”数据来自 http://www.360doc.com/content/14/0612/23/17132703_386132630.shtml

8. “世界遗产数量”是作者根据网络资料统计得出

9. “世界 500 强企业数量”数据来自《财富》2015 年发布榜单，“中国 500 强企业数量”数据来自中国企业联合会发布的中国企业 500 强榜单

10. “上市公司数量”为作者通过 Wind 资讯金融终端公布的数据统计得出，统计时间为 2016 年 8 月 23 日

11. “全国性社会组织数量”为国家社会组织管理局主办的中国社会组织网中可查询到的全国性社会组织中统计得出，统计时间为 2016 年 8 月 22 日

12. “国际性会议数量”为国际大会与会议协会（ICCA）公开发布的 2015 年数据，天津和苏州为 2014 年数据

13. “产业政策与规划”“政府税收优惠和扶持”“政府营销和推广”三个指标，有则标记为“1”，无则标记为“0”

分布等因素都会影响会议目的地的选择。从星级酒店数量看，2014 年广州星级酒店 181 个，在可比较城市中排行第四。但从高星级的酒店数量看，广州的优势并不明显，如表 1、表 2 所示。

表 2　部分城市五星级和四星级酒店数量以及星级酒店提供的客房数

指标	广州	北京	上海	深圳	杭州	重庆	厦门	天津
五星级酒店数量/个	23	65	66	23	24	27	19	15
四星级酒店数量/个	41	133	69	27	46	54	38	37
星级酒店提供的客房数/万间	8.1	11.4	6.2	2.7	—	3.0	—	—

注：天津数据来自《天津市星级酒店名录》，其他城市的数据来自各城市 2015 年统计年鉴

（二）城市交通可进入性

交通的可进入性是会议产业发展的必要条件。城市交通，特别是对外交通设施的完善，很大程度影响到会议举办数量及与会人数。交通条件包括对外交通、城际交通、市内交通等。

1. 铁路（高铁）可达性

广州不仅是我国普通铁路枢纽城市，也是重要的高速铁路枢纽城市，在铁路客运和高铁直达城市数量方面具有相当的优势。2015 年广州铁路客运量排名全国第一，高铁可达城市 214 个，略低于北京（259 个）、上海（235 个），全国排名第三。如表 1 所示。

2. 航空可达性

民航旅客吞吐量代表空港客运的繁忙程度，国际通航点数量则代表国际航线网络的可达广度。北京和上海这两个指标数值较为接近，明显高于广州。广州空港位列国内航空枢纽的第三位。广州不论在航线网络的广度上，还是质量上，都与北京、上海存在明显差距，这在一定程度上削弱了广州作为会议目的地的竞争力。如表 1 所示。

3. 市内交通可达性

一个城市拥有地铁和轻轨的数量是衡量该城市市内交通可达性的重要指标。2016 年，广州拥有地铁数量共 10 条，明显低于北京（19 条）、上海（14 条），但同时又明显优于深圳、成都、厦门等城市。总体来看，广州的市内交通可达性具有一定的优势。如表 1 所示。

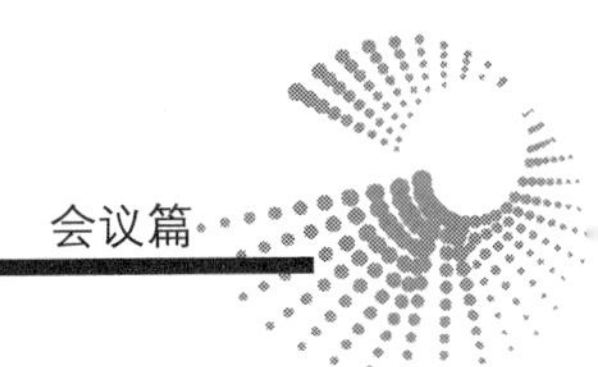

三、环境和安全

广州在所比较的11个城市中，气候适宜指数差别不大，城市绿化率广州和深圳并列第二，广州的城市环境在会议吸引力方面具有一定的优势。近年，广州市加强了城市管理，不断加大打击违法犯罪的力度，社会治安环境得到很大的改善，随着城市安全指数的提升，将不断增强对各类专业、高端会议的吸引力度。如表1所示。

四、文化旅游资源

文化旅游资源是构成城市会议产业吸引力的重要因素，也是诱发会议举办者到一个地区举办会议的动因之一。2015年广州拥有5A和4A景区共22个，广州和成都并列第8，和北京、重庆、上海、杭州相差甚远。广州作为国家中心城市和历史文化名城，高级别的景区、世界遗产数量少，不利于广州发展奖励旅游产业，从而减弱了广州作为会议目的地的吸引力。如表1所示。

五、会议主办或发起主体

（一）企业会议发起主体

企业会议及活动是会议市场中最大的一部分。每年，企业会议市场大约占我国会议市场55%的份额。一个城市拥有的企业总部数量决定了该城市具有举办高端企业会议的可能性。2015年世界500强企业中，广州仅有3家，低于北京（52家）、上海（8家）、深圳（5家）；2015年中国500强企业中，广州仅14家，同样低于北京（101家）、上海（27家）、深圳（18家）；2016年上市公司的数量上，广州拥有117家，远低于北京（492家）、上海（367家）和深圳（307家）。综上所述，广州吸引企业总部和上市公司数量与其他城市相比，优势不明显，一定程度上制约了广州成为高端企业会议目的地的发展进程。

（二）社团会议发起主体

国家级社团组织往往能担当组织起全国性或者区域性的以行业为特点的

高端会议。据作者统计，北京拥有全国性社会组织共 1845 个，占全国的 77%，剩下的 23% 分布在我国的其他城市。其中，上海有 42 家，深圳 12 家，而广州仅有 8 家。由此可见，北京作为首都，在社团组织数量规模上都占有绝对优势。

1. **国际会议发起主体**

知名的国际会议中心城市几乎都是重要国际组织的所在地，并拥有众多的政府或非政府机构。北京是我国首都、国家政治和文化中心，在吸引国际组织入驻上具有强大优势。用 ICCA 提供的"国际会议数量"直接对"国际会议主办主体"情况进行分析，2015 年广州召开的国际会议共 16 个，远远低于北京（95 个）和上海（55 个），也比杭州（27 个）要少。在广州举行的国际会议大多由广州主动发起，相比北京、上海，甚至杭州、天津、大连、成都等国内城市，广州在国家政策支持方面并无明显优势。

2. **学术会议发起主体**

学术会议一般都具有国际性、权威性、高知识性、高互动性等特点，其参会者一般为科学家、学者、教师等具有高学历的研究人员。2015 年，广州共有普通高校 71 个，仅次于北京（83 个），在全国位列第二，具有明显优势。（如表 1 所示）总体来看，虽然近年广州经济实力和国际地位不断提高，但与之不相适应的是会议产业发展相对滞后，这很大程度是由于广州市拥有的高层次会议主办主体相对较少。但目前广州在普通高校数量和规模上占有相当的优势，这是广州未来发展会议产业应注重的一个领域。

六、政府支持力度

一个城市的会议产业发展，与政府和行业协会的共同努力密不可分。资料显示，北京、上海、成都、杭州、苏州、厦门等城市对会议产业高度重视，在各自的会展专项规划或政府发展报告中都提出了明确的会议产业发展定位（如表 3 所示）。北京提出建设"国际会议之都"，上海提出建设"展会并重"的"国际会展之都"，杭州的目的是"国际会议目的地"，成都是"国际国内重要会议目的地城市"，厦门是"顶级会议目的地城市"，苏州提出建设"全国乃至国际知名会议、奖励旅游和展览目的地城市"。这些城市政府将会议产业作为地方重点发展的产业，并在政策扶持和税收优惠方面大力支持。（如表 1 所示）相比之下，虽然广州在《广州建设国际会

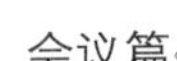

展中心城市发展规划（2013—2020 年）》中提出了建设“国际会议首选地之一”的目标定位，但在其产业政策和政府扶持方面没有相应的体现。在专门针对会议产业的营销推广方面，广州市政府也没有成立专门的推广部门，或成立类似“会议大使”的团队对会议产业进行推广和宣传，广州“重展轻会”现象仍突出。

表 3　各城市对展览业和会议业的定位

城市	会展定位	目标定位
北京	“展”“会”并重	亚洲会展之都
		中国会展行业的引领者
		国际会议之都
		亚洲会奖旅游目的地
上海	“展”“会”并重	国际会展之都
广州	“展”重“会”辅	国际会议首选地之一
		国际会展中心城市
杭州	“展”“会”并重	国际会议目的地
		全国展览城市
		中国节庆之都
成都	“会”展“节庆”并进	国际国内重要会议目的地城市
		中国西部休闲节庆之都
		中国会展之都
重庆	“展”重“会”辅	亚洲知名的区域性会展中心
西安	“展”“会”“节”“赛”“演”并举	区域性国际会展中心
厦门	“展”“会”并重	顶级会议目的地城市
		中国会展名称
苏州	“展”“会”并重	全国乃至国际知名会议、奖励旅游和展览目的地城市
天津	“展”重“会”辅	无

注：数据来自各地会展业发展规划及政府报告

七、小结

与国内的主要城市相比，广州城市的综合服务水平、会议基础设施建设、高铁可达性、气候环境和城市安全性方面具有一定的优势。另外，广州在普通高校和医疗机构的数量和规模上占有相当的优势，这是广州未来发展会议产业应该注重的一个领域。在航空网络的数量和质量、会议主办主体的企业总部数量、国际会议举办数量方面，广州与其他城市相比没有优势。在更为重要的文化旅游资源方面，广州相当匮乏。政府支持力度方面，广州不仅缺乏国家层面的支持，广州政府对会议产业没有出台相关扶持政策。总体来看，广州会议产业吸引力与北京、上海相比具有较大的差距，与国内其他会议业较为发达的城市相比优势也不明显，但目前广州已经具备了发展会议产业的良好基础和条件，发展潜力较大。

八、加快广州会议产业发展的路径

紧扣广州建设“枢纽型网络城市”的机遇，围绕建设国际知名会议城市、高端国际会议目的地的目标，依托历史文化名城的资源及国家重要中心城市的影响力，以“会城互动”“会展结合”“会业融合”“会旅联动”为路径，提升广州国际交往水平，加速广州迈向国际重要交往中心、国际商贸中心城市、全球创新资源配置中心和世界文化名城的步伐。

（一）“会城互动”，加速广州迈向国际重要交往中心的步伐

国际会议作为“城市的窗口”，是打造和推广城市形象走向世界主要手段之一。举办国际会议尤其是高端国际会议，对提高城市的国际知名度和影响力具有强大推动作用。广州应发挥会议产业聚集国际产业物流、人流、资金流和信息流的功能，综合运用政府行政和服务资源，加强与联合国相关机构，ICCA、国际会议中心协会、国际协会联盟等国际会议组织，国家有关部委，以及有国际影响力的行业协会、社团、非政府机构、国内外高校和科研院所的联系与合作。积极引进和申办各类档次高、影响力大的国际组织会议、学术交流、技术发布活动及跨国公司企业会议。以会为媒，促进广州与世界在政治、经济、科技、市场等信息及整体文化等方面的相互往来与交流，加速

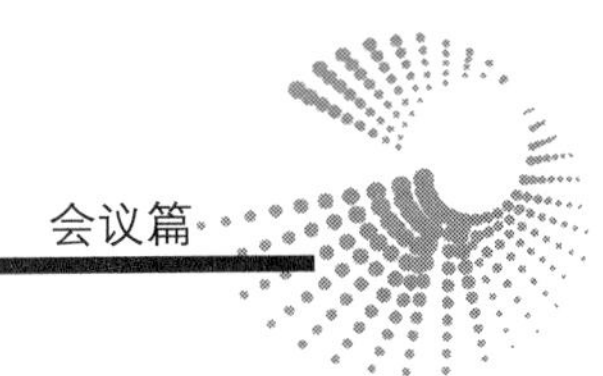

广州迈向国际重要交往中心的步伐。

（二）“会展结合”，加快广州国际贸易中心城市建设

随着国际“大会展”潮流、MICE概念的引入，大会展突破了传统会展所囊括的范围，还包括原来的会议、活动和展览的融合趋势。会议对展览的贡献包括展览所需专业的买家和高层次的参与者，而会议则可为当地带来高层次的与会者和强有力的潜在购买者。会议业利于展览业的发展，而展览业使会议业更具层次感和吸引力。广州应借助会展业发达的优势，大力推进展会互动，以展带会，以会引展，延长会展产业链，实现展览与会议、节事活动综合运作发展。利用展会项目的品牌影响力和国际采购资源，采用“专业展＋专业会”的模式，支持具有一定规模、在行业内有影响力的展览项目，创设或配套召开相关题材的专业会议。鼓励专业会议带动小中型展览，提高企业和市场对接的商务效率，增强专业会议的深度与广度。广州应以会展融合为手段，搭建国际展示与交流平台，推动产品聚散、技术创新、信息发布和价格形成，构建具有远程控制和辐射能力的“国际采购与商品定价中心”，提升广州引领中国贸易格局转变的能力，加快广州国际贸易中心城市建设。

（三）“会业融合”，助推广州全球创新资源配置中心建设

全球创新资源配置中心在城市网络中，充当对全球或者区域的科技、商业、物流、知识、信息和服务等资源进行配置的“枢纽”，处在全球生产链、供应链、创新链和价值链的高端，尤其是高端国际会议，能够有效增强城市相关产业的资源集聚能力，促进商品、技术、信息、资本、人才的国际流动，带动各行业资源的有效配置，能对资源用途、布局和流向进行整合、创新、决策、控制、分配和激活的作用。广州应以“会业融合”为切入点，顺应广州市新一代信息计算、生物与健康、高端制造、新能源等战略性新兴产业发展方向，积极引入符合广州市转型升级发展方向，具有一定影响力的国内外知名会议，争取一批符合广州产业发展方向的品牌会议和活动永久落户广州，助推广州战略性主导产业的快速发展。充分利用广州在医疗和教育领域领先的优势，创办先进水平的国际学术会议。支持具有产业基础的行业协会、商会、研究院所、学术团体、医疗结构等与国际组织或跨国公司合作，发起组织医学、文化、金融、航空、航运、工业设计等行业会议和学术会议。整合广州全球高端资源要素，提升广州在全球事务活动和价值体系中的话语权，

助推广州建设有世界影响力的创新资源配置中心。

（四）“会旅联动”，推进广州世界文化名城建设

广州会议业发展应以文化为切入点，深度整合会奖旅游资源和开发，建立广泛的互动优化。整合广州历史文化遗迹，利用粤海雄关、十三行会馆、三元里抗英、辛亥革命、省港大罢工等串起清末至民国时期广州的时空隧道，展示千年商都、广府文化和辛亥革命策源地的内在精华，打造广州独具怀旧特色的会奖旅游品牌。以现代文化结合旅游资源，如健康文化、游艇文化、游学文化等，大力发展医疗健康旅游、游轮和游艇休闲游、航空旅游、研学旅游等，创新会奖旅游品牌。依托广州国际购物节、广州国际马拉松、广州美食节等节庆，结合广州酒吧文化、时尚文化、休闲文化、体育赛事，深度挖掘和开发具有本土特色的会奖活动。广州应加强与珠三角、港澳地区互动合作，加强地区间的旅游文化资源整合，提升广州作为会议目的地的吸引力。以文化为体验线索整合广州会奖旅游资源，对特色文化内涵充分挖掘并融入到会奖旅游开发中，打造高端商务会议和会奖旅游目的地，并不断提升城市文化的吸引力、影响力和竞争力，推进广州世界文化名城的建设。

（广州市社会科学院　魏颖）

广州举办国际会议
提升超大城市国际化水平的发展路径研究

举办国际会议数量是城市对外交流频度的直接反映，是衡量城市国际化发展水平的重要指标。当前国际上最具影响力的城市往往都举办大量国际会议，举办国际会议尤其是高端国际会议，对提高城市的国际知名度和影响力具有强大推动作用，日内瓦、布鲁塞尔等城市由于其国际会议数量多、规格高而分别成为世界会议之都和欧洲会议之都，进而在全球城市体系坐标中占据重要位置。从天津、西安等国内城市的办会实践经验来看，举办高端国际会议是提升城市知名度的重要因素，也是增强城市国际影响力的有效捷径。

近年来，广州城市国际化发展水平持续提升，城市国际影响力不断扩大，然而在举办国际会议尤其是举办高端国际会议方面与其他先进城市相比较为薄弱，举办会议数量明显偏少，2014 年经国际大会与会议协会（ICCA）认证的国际会议仅有 9 场，仅列全球城市 240 位，与巴黎（214 场）、新加坡（142 场）和北京（104 场）、上海（73 场）等城市差距明显，甚至落后于杭州（17 场）、成都（15 场）、南京（10 场）等城市。会议产业规模小、影响力弱，尤其是缺乏高端国际会议，与广州当前国家中心城市的综合实力和区域性国际大都市的国际地位不相匹配，与广州建设“一带一路”重要枢纽和枢纽型网络城市的目标不相适应。从基础条件来看，广州举办高端国际会议优势突出；从发展前景来看，举办高端国际会议有助于集聚高端资源服务发展，有助于加快国际航运中心、贸易中心、物流中心和现代金融服务中心建设，有助于增强城市国际影响力和话语权。因此，在国家中心城市建设进入跃升阶段的关键时期，要借“一带一路”国家战略的战略良机，将举办高端国际会议作为未来一段时期提升广州城市国际化水平、增强国际影响力和辐射力的重要抓手，充分发挥利用现有优势条件，完善会展管理机制措施，积极寻求合作机遇，争取高端国际会议落户和举办包含本土品牌的高端国际会议，打造助推广州三大战略枢纽建设的新动力和城市对外交往的新名牌。

一、国际会议的内涵与意义

（一）国际会议的概念与分类

国际会议泛指与会者代表不同的国家或地区的会议。目前，国际上对国际会议进行认定的权威组织主要有国际大会与会议协会和国际协会联合会（UIA）等①。国内对国际会议界定一般是指来自3个或3个以上国家或地区（不含港、澳、台地区）的代表参加，与会人数至少50人，外国与会人士至少占20%以上，会期1天以上，为解决互相关心的国际问题、协调彼此利益，按照一系列的原则和程序规则，在共同讨论的基础上寻求或采取共同行动（如通过决议、达成协议等）而举行的多边集会。根据主题内容、与会者范围、举办周期、议题的专业性与规格、是否形成决议、会议组织者等的不同，国际会议可分为若干类型，如表1所示。

表1　国际会议类型一览表

划分标准	会议类型
主题内容	国际政治会议、国际经济会议、国际学术会议
与会者范围	全球性会议、洲际性会议、区域性会议
举办周期	定期会议、非定期会议
议题专业性与规格	例行性会议、专题性会议、特别会议
是否形成决议	正式会议、非正式会议
会议组织者	政府会议、协会会议、学术性会议、公司会议、会议组织策划会议

1. 按主题内容划分

根据主题内容的不同，可将国际会议分为以下三类：一是国际政治会议，这类会议内容较为宽泛，各国共同关注的政治、外交、军事、社会等方面的

①国际大会与会议协会（International Congress & Convention Association，简称ICCA）对国际会议的评定标准：固定性会议，至少在3个国家轮流举行，与会人数至少在50人以上。国际协会联合会（Union of International Associations，简称UIA）对国际会议的评定标准：至少在5个国家轮流举行，与会人数在300人以上，国外人士占与会人数40%以上，3天以上会期。

重大问题都可以成为会议议题，一般出席会议的代表规格较高、影响也较大，如需解决国际关系中的重大问题，往往还会举行国家元首或政府首脑大会。一般而言，这类会议既是外交斗争的讲坛，也是国际合作的舞台。二是国际经济会议，讨论或解决有关世界经济问题、协调国际经济关系、促进经济合作，可由政府组织主办，也可由企业或民间组织主办。三是国际学术会议，围绕自然科学或人文社会科学研究领域中的特定话题而举行的探讨和交流，会议主题明确，主要活动为报告、演讲、讨论，除了事务性安排外，一般不就讨论的议题做出具有约束力的决定或决策。根据我国科技部等相关部门的规定，出席这类会议的与会者至少来自 3 个以上（含 3 个）国家或地区。

2. 按与会者范围划分

根据与会者范围的不同，可将国际会议分为以下三类：一是全球性会议，如联合国大会、世界贸易组织成员大会、世界妇女大会等，参加会议的对象来自世界各地。二是洲际性会议，指世界上多个大洲若干国家之间举行的多边会议，如欧亚论坛、中非合作论坛等。三是区域性会议，指同一洲或同一地区内的若干国家之间举行的多边会议，如东北亚合作论坛等。

3. 按举办周期划分

根据举办周期的不同，可将国际会议分为以下两类：一是定期性会议，一般来说国际会议的周期以一年居多（年会），也有三年或两年不等的，会期基本固定，如联合国大会开幕时间就定于每年 9 月。二是非定期会议，这类会议的周期和会期根据实际情况确定，有客观需要或条件成熟便举行，必要时也可以举行临时会议、紧急会议和特别会议。

4. 按议题专业性与规格划分

根据议题专业性与规格的不同，可将国际会议分为以下三类：一是例行性会议，指按照会议规则举行的、以例行性议题和议程为主的国际性会议，联合国大会的一般性辩论就属于例行性会议。二是专题性会议，指在例行性会议之外，就某个专门性问题进行研究、讨论、做出决定的国际性会议，世界人权大会以及世界妇女大会等国际会议都属于联合国有关机构召开的专题性会议。三是特别会议，指会议议题特别重要、会议规格较高的国际会议，如联合国安理会为制止某些国家或地区的战争冲突曾举行过多次特别会议。

5. 按是否形成决议划分

根据是否形成决议，可将国际会议分为以下两类：一是正式会议，指与会各方为解决共同关心的问题，并旨在形成具有法律效力的共同文件，依据事先约定的有关规则和程序而举行的会议。二是非正式会议，一般是指以协商、交流、宣传为目的，不形成正式的决定或决议，或者无确定议事规则的会议。

6. **按会议组织者划分**

根据会议组织者的不同，可将国际会议分为以下四类：一是政府会议，即各国政府部门出于政治、经济、文化等原因而组织举办的各种类型和规模的大会、论坛、研讨会等，如 APEC 峰会。二是组织会议，由社会组织或国际组织通过会议交流、协商来解决行业问题，例如每年召开的年会、专业会议、研讨会、培训会等。三是学术性会议，指大学和学术研究机构等针对某一个话题组织的会议。四是公司会议，如销售会议、培训会议、奖励性旅游会议等。五是会议组织策划会议，这类会议往往通过会议输出组织者的理念、思想、见解等。

（二）国际会议的特征

在种类繁多的会议之中，国际会议是会议业中价值集聚的精华，是会议业的高端形态，具有以下特征：

1. **与会人员的层次高**

国际会议聚集了各个领域、各个行业具有权威的精英，与会人员层次相对较高，如政界人士主要是各国政府的领导人、部长等高级官员或前任官员，商界人士主要为跨国公司、大型企业的高层管理人员，学术界人士则包括各学科的顶尖学者等。高端国际会议为这些精英交换意见、协调行动提供了平台，他们的意见和观点对于各自领域的事务通常有着决定性的影响，因此高端会议的决议或结论能够在很大程度上反映国家意志、行业意愿，甚至会影响到世界对重大问题的态度和决策。

2. **讨论议题的内容新**

国际会议讨论的议题往往都是世界经济社会发展最前沿、最热点的问题，信息量大、价值高、时效性强，讨论结果通常会成为该领域最权威的信息。高端国际会议作为知识密集、智力密集、信息密集的平台，汇聚多领域、多学科的高精尖人才进行思想碰撞和信息交流，是政府决策者、行业精英和管理者快速获取相关领域发展最新动态、未来发展趋势，以及最新产业信息的窗口，因此可将高端国际会议称作经济社会发展的风向标。

3. **社会关注的范围广**

由于国际会议的参与人员层次高、讨论议题内容新，对经济社会发展中的重大问题能够形成趋势性判断，即使是一些专题性的会议，也可能引发连锁反应，使世界各国的许多领域受到相应影响，因此受到社会各界的广泛关注，也因此吸引到世界各个国家大量媒体进驻会议举办地，进行全方位、大篇幅、持续性报道。

4. **带动辐射的能力强**

国际会议比一般会议要求高，对于推动举办地进一步提高各项基础设施的建设以及服务水平的作用更大，也能更有力地带动当地旅游、宾馆、广告、交通、餐饮等相关产业结构优化升级。同时，国际会议提供了与世界各国众多领域的精英建立多方面广泛交往联系的渠道，对于举办地乃至东道国的带动辐射作用更强，是推动城市国际化的更有力杠杆。

（三）国际会议对举办城市的意义

国际会议举办地是会议的一个重要组成部分，随着国际会议及会议产业的发展成熟，会议与举办城市之间的关系日益密切，国际会议对于城市经济、社会、文化的促进带动作用愈加明显。

1. **促进城市现代服务经济发展**

会议产业作为与展览业、旅游业密切相关的新兴产业，是现代服务业的一个重要分支，其产业关联作用表现为产业结构发展沿着第一产业、第二产业、第三产业逐步递进的方向演进，其中又以提升第三产业比重的作用最为明显。会议产业中国际会议附加值高、带动力强，据 ICCA 统计，全球每年召开大约 16 万次会议，产值超过 2800 亿美元；有研究表明，参加国际会议和展览会者的消费能力是普通旅游度假者的 2 ~ 3 倍，举办国际会议能拉动交通、旅游、餐饮、住宿、商贸、保险、视听等相关产业的发展，增加就业机会，并通过乘数效应使之不断优化，从而提高城市社会经济的运行效率，带动城市服务经济的繁荣与发展。

2. **塑造和传播城市国际化品牌形象**

国际会议作为“城市的窗口”，受到媒体的广泛关注和报道，是外界民众了解城市的最佳途径，也是打造和推广城市形象，使城市走向世界的主要手段之一。通过举办国际会议，城市能够增加国际媒体曝光度，进而提高国际知名度。许多城市通过主办一次大型国际盛会在世界民众心目中留下深刻印象甚至载入史册，例如北京奥运会、上海世博会等。还有很多城市作为国际会议的固定主办地，与会议紧密地联为一体，甚至城市因会而兴，如博鳌亚洲论坛，使得一个海南小镇扬名世界。此外，举办国际会议也为举办地城市展示产业优势、风土人情、旅游资源、文化传统等提供了良机，对于城市形象塑造也有着明显的提升作用。

3. 优化城市服务设施功能

国际会议的举办必须依托城市良好的基础设施和完善的城市功能，如先进的会议设施、便捷的交通、优良的餐饮服务以及可供休闲旅游的自然风光和人文景观，高端国际会议更加需要具备优良基础条件，同时还要求举办城市具有优质的生活环境、浓郁的地方文化氛围、良好的城市治安管理等优点。举办国际会议有助于推动城市将城市规划与管理的视角上升到全球竞争层面，有助于城市基础设施功能、城市治理和公共服务能力的优化升级。

（四）广州举办更多国际会议的意义

1. 集聚国际高端资源，再造对外开放龙头

十八届五中全会第一次提出了提高我国在全球经济治理中的制度性话语权问题，并将“开放”作为五大发展理念之一，对开放发展提出了更高的标准和要求。广州举办更多高端国际会议，集聚各国政要、行业顶尖人物、高端人才等各类资源，在国际交流中发出更有力的“广州声音”，是提高广州在相关国际区域中的国际地位和话语权，服务国家战略大局的必然要求，也是广州建设21世纪海上丝绸之路重要枢纽，贯彻实施“一带一路”国家战略的重要支撑。

2. 倍增广州产业优势，助推三大战略枢纽建设

广州作为千年商都，是华南地区制造业和服务业最发达、门类最齐全的城市，拥有全国40个工业大类中的34个，有完善的产业配套和集聚能力。广州提出建设国际航运中心、国际物流中心、国际贸易中心和现代金融服务体系的新发展定位，突出了广州作为国家中心城市向区域性国际中心城市迈进的方向。高端国际会议除了本身蕴含巨大的经济效益外，参会者也会带来世界最前沿的行业信息，提供了与城市进行经贸合作、技术交流的良好机遇。高端国际会议从更高的层面，为广州创造与世界其他国家和地区开展高层次、全方位、多领域合作的契机，也为广州打造三大战略枢纽增添新的动力。

3. 完善国家中心城市功能，塑造国际会展之都形象

举办高端国际会议，对城市各项设施和功能的要求都非常高，需要内外联通，完善会议设施、住宿接待设施及服务、城市环境，举办更多高端国际会议能够倒逼广州进一步完善国家中心城市的设施和服务功能，能够促进生

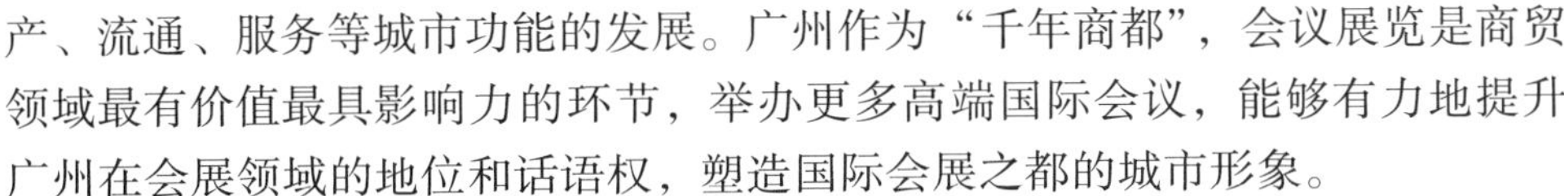
产、流通、服务等城市功能的发展。广州作为“千年商都”，会议展览是商贸领域最有价值最具影响力的环节，举办更多高端国际会议，能够有力地提升广州在会展领域的地位和话语权，塑造国际会展之都的城市形象。

4. 提升城市国际化水平，增强国际影响力和竞争力

举办国际会议是城市国际化发展的重要手段，高端国际会议数量是衡量城市国际影响力的重要指标。举办更多的高端国际会议将促进广州与世界在政治、经济、科技、市场及文化等方面的相互往来与交流活动，进一步扩大广州的城市影响力，提升国际竞争力。广州要在国际城市体系中脱颖而出，实现更高层次的对外开放，逐步增加经济、政治、科技、文化方面的话语权，高端国际会议的积极作用不可或缺。

二、国内城市举办国际会议的类型及其特征

随着国家经济实力的增强和国际地位的提高，中国城市越来越多地参与到国际事务中去，也有越来越多的国际会议在国内城市举办。根据不同主体发挥作用的机制，目前国内城市举办的高端国际会议主要有以下类型。（如表2所示）

表2　国内城市举办的高端国际会议的类型

<table>
<tr><th colspan="2">会议类型</th><th colspan="2">典型案例</th><th>会议国内举办地</th></tr>
<tr><td colspan="2" rowspan="5">政府间国际组织会议</td><td colspan="2">二十国集体（G20）峰会</td><td>杭州</td></tr>
<tr><td rowspan="2">上合组织</td><td>国家元首会议</td><td>北京、上海</td></tr>
<tr><td>政府首脑会议</td><td>北京、郑州</td></tr>
<tr><td colspan="2">金砖国家领导人峰会</td><td>三亚</td></tr>
<tr><td colspan="2">亚太经济与合作组织（APEC）领导人会议</td><td>上海、北京</td></tr>
<tr><td rowspan="5">国际论坛</td><td>国际机构主办</td><td colspan="2">《财富》全球论坛</td><td>上海、香港、北京、成都</td></tr>
<tr><td>中外合办</td><td colspan="2">夏季达沃斯论坛</td><td>大连、天津</td></tr>
<tr><td>中国主导</td><td colspan="2">博鳌亚洲论坛</td><td>博鳌</td></tr>
<tr><td rowspan="2">中国主办</td><td colspan="2">世界互联网大会</td><td>乌镇</td></tr>
<tr><td colspan="2">中国发展高层论坛</td><td>北京</td></tr>
</table>

（续上表）

<table>
<tr><th colspan="2">会议类型</th><th>典型案例</th><th>会议国内举办地</th></tr>
<tr><td colspan="2" rowspan="2">国际行业协会、学会会议</td><td>世界港口大会</td><td>上海</td></tr>
<tr><td>国际航运协会年会</td><td>北京</td></tr>
<tr><td rowspan="5">中国与区域合作国际会议、展览</td><td rowspan="3">区域合作会议</td><td>中阿合作论坛</td><td>北京、天津</td></tr>
<tr><td>中欧领导人会晤</td><td>北京、天津、南京</td></tr>
<tr><td>中国—中东欧国家领导人会晤</td><td>苏州</td></tr>
<tr><td rowspan="2">区域合作展览</td><td>中国—东盟博览会</td><td>南宁</td></tr>
<tr><td>中阿博览会</td><td>银川</td></tr>
<tr><td rowspan="4">地方主办的国际会议、展览</td><td>综合性</td><td>西湖博览会</td><td>杭州</td></tr>
<tr><td rowspan="3">专题性</td><td>亚洲金融论坛</td><td>香港</td></tr>
<tr><td>陆家嘴金融论坛</td><td>上海</td></tr>
<tr><td>深圳国际BT领袖峰会和生物/生命健康产业展览会</td><td>深圳</td></tr>
</table>

（一）政府间国际组织会议

政府间国际组织的领导人峰会以及各种级别官员出席的会议一般轮流在成员国举办。中国参加了多个国际组织，中国的许多城市也抓住机遇，在中央政府的支持下举办了多个政府间国际组织的高端会议。

1. 国家元首或政府首脑峰会

杭州：G20峰会。G20是一个国际经济合作论坛，由原八国集团以及其余十二个重要经济体组成，G20成员涵盖面广，代表性强，该集团成员GDP占全球经济的90%，贸易额占全球的80%。G20会议最初只是由各国财长或各国中央银行行长参加，但2008年由美国引发的全球金融危机使得金融体系成为全球焦点，2008年11月15日，G20首次领导人峰会在美国首都华盛顿举行，这是首次将G20财长会提升为领导人会议级别，其后在伦敦、匹兹堡等地相继举办。2015年12月1日，中国正式接任G20主席国，2016年9月4—5日在杭州举办了2016年峰会，这是中国城市举办的最有影响力的国际会议之一。G20峰会举办地的选址一般倾向于主席国中契合峰会主题、城市综合实力强、城市地域特色明显、自然和人文环境优美的城市。如表3所示。

表 3　历次 G20 峰会举办城市

举办城市		时间/年
国外举办地	美国华盛顿	2008
	英国伦敦	2009
	美国匹兹堡	2009
	加拿大多伦多	2010
	韩国首尔	2010
	法国戛纳	2011
	墨西哥洛斯卡沃斯	2012
	俄罗斯圣彼得堡	2013
	澳大利亚布里斯班	2014
	土耳其安塔利亚	2015
国内举办地	杭州	2016

三亚：金砖国家领导人峰会。“金砖四国”的概念在 2001 年由美国高盛公司首席经济师吉姆·奥尼尔首次提出。2009 年 6 月，中国、巴西、印度和俄罗斯四国领导人首次在俄罗斯叶卡捷琳堡进行会晤，“金砖四国”由此演化成为一种经济合作机制，2010 年南非加入后改称为“金砖国家”。海南三亚曾于 2013 年举行金砖国家领导人峰会。历次金砖国家领导人峰会举办城市如表 4 所示。

表 4　历次金砖国家领导人峰会举办城市

举办城市		时间/年
国外举办地	俄罗斯叶卡捷琳堡	2009
	巴西巴西利亚	2010
	印度新德里	2012
	南非德班	2013
	巴西福塔莱萨	2014
	俄罗斯乌法	2015
国内举办地	三亚	2011

郑州：上海合作组织成员国总理会议。上海合作组织于2001年6月在上海成立，9月成员国总理在阿拉木图举行首次会晤，宣布正式建立上合组织框架内的总理定期会晤机制，每年举行一次，也可以根据规定召开非例行会议。自2001年至2014年底，上合总理会先后在阿拉木图、北京等地举行了13次。2015年12月，上合总理会第十四次会议在郑州举行，与以往的首都或先进城市选址习惯不同，上合组织成员国此次更多地考虑丝绸之路经济带经贸合作的战略布局，郑州是未来连通境内外、辐射东中西的物流通道枢纽，郑欧班列效应以及会议举办地郑东新区CBD优势等促成此次选址。历次上合组织会议峰会国家元首会议举办城市如表5所示，历次上合组织会议峰会政府首脑会议举办城市如表6所示。

表5　历次上合组织会议峰会国家元首会议举办城市

举办城市		时间/年
国外举办地	俄罗斯圣彼得堡	2002
	俄罗斯莫斯科	2003
	乌兹别克塔什干	2004
	哈萨克斯坦阿斯塔纳	2005
	吉尔吉斯斯坦比什凯克	2007
	塔吉克斯坦杜尚别	2008
	俄罗斯叶卡捷琳堡	2009
	乌兹别克斯坦塔什干	2010
	哈萨克斯坦阿斯塔纳	2011
	吉尔吉斯斯坦比什凯克	2013
	塔吉克斯坦杜尚别	2014
	俄罗斯乌法	2015
国内举办地	上海	2001
	上海	2006
	北京	2012

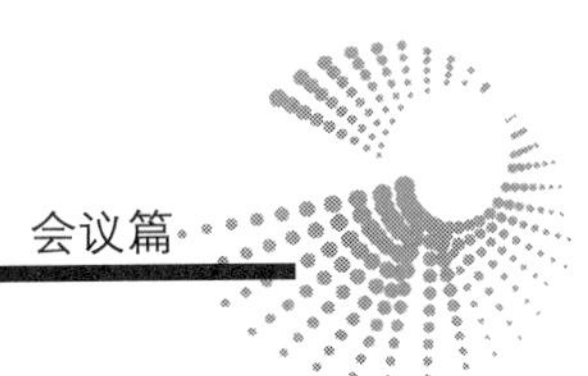

表 6　历次上合组织会议峰会政府首脑会议举办城市

举办城市		时间／年
国外举办地	哈萨克斯坦阿拉木图	2001
	吉尔吉斯斯坦比什凯克	2004
	俄罗斯莫斯科	2005
	塔吉克斯坦杜尚别	2006
	乌兹别克斯坦塔什干	2007
	哈萨克斯坦阿斯塔纳	2008
	塔吉克斯坦杜尚别	2010
	俄罗斯圣彼得堡	2011
	吉尔吉斯斯坦比什凯克	2012
	乌兹别克斯坦塔什干	2013
	哈萨克斯坦阿斯塔纳	2014
国内举办地	北京	2003
	北京	2009
	郑州	2015

2. 部长级会议及工作会议

除了国家元首和政府首脑出席的峰会，各类国际组织还有大量磋商具体事务的部长级会议和其他层次的工作会议。

APEC 部长级会议。历次 APEC 会议举办城市如表 7、表 8 所示。APEC 的部长会议始于 1989 年 11 月，分为 APEC 部长级会议和 APEC 专业部长级会议，在每年的领导人非正式会议前举行，主要为领导人非正式会议召开进行必要的前期准备，贯彻执行领导人会议通过的各项指示，讨论区域内的重要经济问题，决定亚太经合组织的合作方向和内容等。APEC 首次领导人非正式会议于 1993 年 11 月在美国西雅图召开，此后每年召开一次，在各成员间轮流举行，由各成员领导人出席，同时遵循一年由东南亚联盟成员举办，一年由非东南亚联盟成员举办的方式。东道国一年内要集中承担举办一次外交和经贸部长会议、一次领导人非正式会议、3 ~ 4 次高官会议、中小企业部长会议等专业部长级会议及其他各有关工作组会议等数十次会议。2014 年中国作为 APEC 会议的东道国，将各场会议安排在不同城市举行，其中领导人非正式会议在北京举行，贸易部长会议在青岛举行，中小企业部长会议在南京举行，财政部长会议原本计划在香港举行后来则改为在北京举行。

表7　历次 APEC 部长级会议举办城市

举办城市		时间/年
国外举办地	澳大利亚堪培拉	1989
	新加坡	1990
	韩国首尔	1991
	泰国曼谷	1992
	新加坡	1993

表8　历次 APEC 领导人非正式会议举办城市

举办城市		时间/年
国外举办地	美国西雅图	1993
	印度尼西亚茂物	1994
	日本大阪	1995
	菲律宾苏比克	1996
	加拿大温哥华	1997
	马来西亚吉隆坡	1998
	新西兰奥克兰	1999
	文莱斯里巴加湾	2000
	墨西哥洛斯卡沃斯	2002
	泰国曼谷	2003
	智利圣地亚哥	2004
	韩国釜山	2005
	越南河内	2006
	澳大利亚悉尼	2007
	秘鲁利马	2008
	新加坡	2009
	日本横滨	2010
	美国夏威夷	2011
	俄罗斯符拉迪沃斯托克	2012
	印度尼西亚巴厘	2013
	菲律宾马尼拉	2015
国内举办地	上海	2001
	北京	2014

3．**特点**

政府间国际组织会议出席人员层级较高，影响力大，尤其是领导人会议，讨论协商的议题重大，舆论和公众的关注度高，因此这类会议举办时国际众多媒体聚集报道，对举办地的知名度和影响力提升作用非常显著。但是，此类会议的政治性比较浓，出于政治平衡的考虑，一般由各个成员国轮流主办。中国作为国际组织的一员，与其他成员国的权力平等，因此按照轮流举办的原则，需要数年甚至数十年才有一次举办的机会；具体举办城市一般由中央综合考虑决定，地方的自主性相对较低。

（二）国际论坛

除了政府间国际组织，大量非政府的国际组织和商业机构也主办了大量国际性论坛，广泛邀请来自政府、企业、学术、媒体等领域的专业人士参加，形成广泛影响。根据主办方差异以及中国在论坛中的话语权不同，又可以细分为以下几种模式。

1．**国外机构主办的国际论坛**

成都：《财富》全球论坛。历次《财富》全球论坛举办城市如表 9 所示，由美国著名的财经媒体《财富》杂志主办，1995 年开始每 16～18 个月在世界上选一个具有吸引力的“热门”地点举行一次。论坛只通过邀请方式组织，出席者仅限于各大跨国企业的董事长、总裁、首席执行官及高级管理人士，主要探讨全球经济问题。继上海和北京之后，2013 年 6 月《财富》全球论坛在成都举行。《财富》全球论坛的主办机构在国际上有较强影响力，论坛经营历史悠久，因此能邀请到国际知名人士与会，因此举办城市能够借此机会有效地提高国际影响力。此类国际会议的品牌属国外机构专有，中国城市只是作为举办地，对会议决策的影响力较低。但是，中国城市走向世界提升国际影响力需要有一个过程，因此借助国际组织主办的论坛不失为一个双赢的选择。

表 9　历次《财富》全球论坛举办城市

举办城市		时间／年
国外举办地	新加坡	1995
	西班牙巴塞罗那	1996
	泰国曼谷	1997
	匈牙利布达佩斯	1998

（续上表）

举办城市		时间／年
国外举办地	法国巴黎	2000
	美国华盛顿	2002
	印度新德里	2007
	南非开普敦	2010
国内举办地	上海	1999
	香港	2001
	北京	2005
	成都	2013

2. **中外合办的国际论坛**

大连和天津：夏季达沃斯论坛。随着中国经济的崛起，一些国际组织被中国的庞大市场和广泛影响力吸引，开始与中国合作共同举办论坛，并将举办地固定在中国城市。世界经济论坛（The World Economic Forum，简称WEF）是以研究和探讨世界经济领域存在的问题、促进国际经济合作与交流的非官方国际性机构，每年在瑞士达沃斯召开年会，同时也与若干国家的政府或企业联合主办各种国际经济讨论会。2007年起，世界经济论坛首次在达沃斯以外举行全球性会议，首届夏季达沃斯论坛（即“世界经济论坛·新领军者年会”）在大连举行，此后每年在中国举办一次，大连和天津轮流成为举办地。在这类国际会议中，国际机构原有的会议品牌通过与中国城市的合办实现了延伸，在扩大参会规模的同时提高了影响力。此外，国内城市也借固定举办之机更大程度地分享了品牌。

3. **中国主导的国际论坛**

大部分在中国城市举办的国际论坛，其主办方是国际组织或商业机构，中国既缺乏会议的品牌也不占据主导地位，但随着中国国际影响力的日益扩大，逐渐出现了由中国主导并发挥主场优势的国际论坛。

博鳌：博鳌亚洲论坛。博鳌亚洲论坛（Boao Forum for Asia，简称BFA）由25个亚洲国家和澳大利亚于2001年发起成立，博鳌是该论坛总部的永久所在地。这是第一个把总部设在中国的国际会议组织，旨在为政府、企业和专家学者等提供一个共商经济、社会、环境，以及其他相关问题的高层对话平台。海南博鳌是一个专门为论坛设计的集生态、休闲、旅游、智能和会展服务为一体的综合功能区，选址博鳌也与海南作为最大经济特区、发展生态

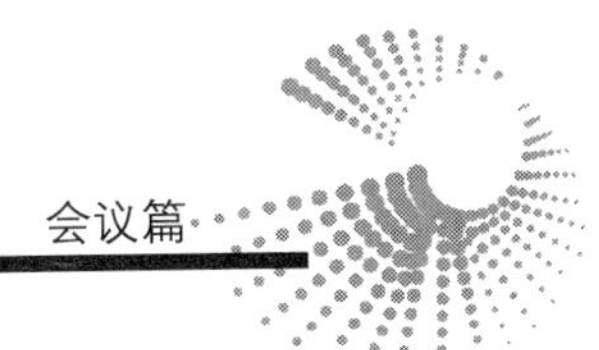

产业的建设目标，以及海南省政府的大力支持等因素具有较大关系。

4. **中国主办的国际论坛**

随着中国国际实力的提升，中国开始独立主办越来越多的论坛，并积极提升国际影响，在国际上发出中国声音。中国举办国际论坛的模式如表10所示。

表10　中国举办国际论坛的模式

模式	国际机构主办	中外合办	中国主导	中国主办
典型案例	《财富》全球论坛	夏季达沃斯论坛	博鳌亚洲论坛	世界互联网大会
举办地	不固定	天津、大连	博鳌	乌镇
主办方	美国《财富》杂志	世界经济论坛	博鳌亚洲论坛	国家互联网信息办公室和浙江省政府
中国话语权	一般	较强	强	很强
品牌	品牌专有	品牌延伸	共创品牌	自创品牌

乌镇：世界互联网大会。世界互联网大会（World Internet Conference），是第一次中国倡导并举办的世界性互联网盛会，旨在搭建中国与世界互联互通的国际平台和国际互联网共享共治的中国平台，让各国在争议中求共识、在共识中谋合作、在合作中创共赢。第一届世界互联网大会于2014年11月举办，永久会址设在乌镇，其原因在于一来乌镇的互联网经济比较发达，二来其类似达沃斯，是中国传统文化浓郁的小镇。

北京：中国发展高层论坛。中国发展高层论坛由国务院发展研究中心主办，至2017年已连续举办了18届，是中国政府高层与国际商界、学术界相互交流沟通的重要平台，每年3月"两会"闭幕后的一周召开。

5. **特点**

国际论坛模式多样，这类国际会议政治色彩相对较淡，更多关注经济社会发展中的重要议题，一般不采取会员国轮流举办的形式，因此会议举办地或经挑选确定，或永久落户某地。主办会议的国际机构历史悠久、经验丰富，在邀请国际高端人士参与方面具有一定优势，但会议品牌的所有权也往往只掌握在其手中。中国从与国际机构合作举办国际会议起步，逐步发展为独立举办论坛，争取更大的自主权和话语权。随着中国的国际影响力日益增强，中国自身主办的国际论坛吸引着越来越多的国际嘉宾。而中国作为主导举办论坛，其决定权在于中央层面，地方自主性较弱。

（三）国际行业协会、学会主办的会议

国际行业协会、学会众多，每年都要主办大量会议，ICCA 认证的国际会议大部分也是此类会议。中国城市开始越来越多地承办此类国际会议，如世界港口大会、国际航运协会年会等。

1. 国内城市举办的国际行业协会、学会主办会议典型案例

上海：世界港口大会。国际港口协会的会员大会，每隔两年举办一次。2005 年首次在中国城市举办，来自世界各国的国际港口协会会员单位、各国政府部门、世界著名船舶公司、知名港口运营商和货主单位、欧盟、世界银行、国际海关组织、国际疏浚协会、国际引航组织等的代表参与，同期举行了国际港口展览会、专题技术委员会会议和专门工作会议等。历次世界港口大会举办城市如表 11 所示。

表 11　历次世界港口大会举办城市

举办城市		时间/年
国外举办地	南非德班	2003
	美国得克萨斯州休斯敦市	2007
	意大利热那亚	2009
	韩国釜山	2011
	美国洛杉矶	2013
	德国汉堡	2015
	印度尼西亚巴厘	2017
国内举办地	上海	2005

北京：国际航运协会年会。国际航运协会总部设在布鲁塞尔，有 60 多个国家会员、500 多个公司会员和 2000 多个个人会员。2008 年北京承办了国际航运协会 2008 年会暨国际航运技术研讨会，来自 32 个国家的 220 余名代表参加了会议。

2. 特点

此类会议政治色彩较淡，行业特色突出，专业性较强。主办方属于社会组织，对主办地的选择除了考虑一定的政府支持因素外，更多的是考虑商业因素，甚至很多是通过竞标的方式获得举办权，会议的机制比较灵活。但是此类会议的影响力参差不齐，受主办会议的国际组织自身影响力以及会议自

身的一些具体因素的影响较大。中国城市一般只是纯粹的举办地，与会议的联系非常薄弱。

（四）中国与区域国际合作会议、展览

随着中国国际地位的提升，通过进行整体性的外交合作与区域内的多个国家进行磋商的机制逐步形成。在大洲层面上有中非合作论坛、中拉合作论坛、中欧领导人会晤等；在地区层面上有中阿合作论坛、中国—中东欧国家领导人会晤；等等。相比参与国际组织，城市在这种区域合作机制中争取高端国际会议的机会更高。

1. 中国与区域合作的政府会议

中阿合作论坛。2004 年，中国与阿拉伯国家联盟共同成立“中国—阿拉伯国家合作论坛”。其中部长级会议为论坛长期机制，由各国外长和阿盟秘书长组成，每两年在中国或阿拉伯国家联盟总部或任何一个阿拉伯国家轮流举行一次，中国分别于 2006 年在北京、2010 年在天津、2014 年在北京举办了部长级会议。高官委员会会议每年召开例会，由中阿双方轮流承办。此外论坛框架下还有中阿企业家大会、中阿关系暨中阿文明对话研讨会、中阿友好大会、中阿能源合作大会和中阿新闻合作论坛、中阿互办文化节、中阿城市论坛等机制，一般每两年轮流在中国或阿拉伯国家举办一次，如首届中国阿拉伯城市论坛于 2014 年在泉州召开。

中国—中东欧国家领导人会晤。波兰、捷克、匈牙利等 16 个中东欧国家和中国间的“16 +1 会议”始于 2012 年，中国与中东欧国家领导人通过圆桌会议、经贸论坛、双边会见等多种方式展开讨论。2015 年 11 月第四次中国、中东欧国家领导人会晤在苏州举行，这是中方首次举办领导人会晤。

历次中国与区域合作的政府会议举办城市如表 12 所示。

表 12　历次中国与区域合作的政府会议举办城市

单位：年

会议名称	国外		国内	
	举办地	时间	举办地	时间
中阿合作论坛	埃及开罗	2004	北京	2006
	巴林	2008	天津	2010
	突尼斯	2012	北京	2014

（续上表）

会议名称	国外		国内	
	举办地	时间	举办地	时间
中非合作论坛部长会议	埃塞俄比亚亚的斯亚贝巴	2003	北京	2000
	埃及沙姆沙伊赫	2009	北京	2006
	南非约翰内斯堡	2015	北京	2012
中拉论坛	—	—	北京*	2015
中欧领导人会晤	英国伦敦	1998	北京	1999
	比利时布鲁塞尔	2001	北京	2000
	丹麦哥本哈根	2002	北京	2003
	荷兰海牙	2004	北京	2005
	芬兰赫尔辛基	2006	北京	2007
	捷克布拉格	2009	南京	2010
	比利时布鲁塞尔	2012	天津	2011
	比利时布鲁塞尔	2015	北京	2013
中国—中东欧国家领导人会晤	波兰华沙市	2012	苏州	2015
	罗马尼亚布加勒斯特	2013	—	—
	塞尔维亚贝尔格莱德	2014	—	—

*2015年1月8日至9日，中拉论坛首届部长级会议在北京举行，标志着论坛正式启动

特点：此类会议与政府间国际组织的会议有相似之处，如政府高级官员是主要的参会人员，但主办机制不是成员国轮流主办，而是中国与合作区域内的某一国或地区轮流主办，因此由中方举办会议的频率相对较高。从历史来看，此类会议因为涉及国家众多，在中方举办的会议往往都选址于北京，但近来出现举办地外移的迹象，在苏州举办的中国—中东欧国家领导人会晤就是一个例子，将来这种机会应该会更多。

2. 针对特定地区开展国际合作的展会

除了以合作论坛等形式开展的区域国际合作之外，中国还针对周边国家

和地区举办了一系列区域国际合作展会（如表 13 所示），如在银川举办的中阿博览会、在南宁举办的中国—东盟博览会、在乌鲁木齐举办的亚欧博览会、在长春举办的中国—东北亚博览会、在成都举办的中国西部博览会等。这类博览会一般都是由原地方性商务洽谈会或经贸合作论坛升级的综合性展会，以经贸合作作为主要内容，在展会期间召开多种类型的会议，如在 2015 年第 12 届中国—东盟博览会期间举办的高层论坛，包括中国—东盟信息港论坛、智库战略对话论坛、文化论坛电子商务峰会、市长论坛等论坛、研讨会和圆桌会议等。

表 13　我国开展区域交流与合作的国际博览会情况

展会名称	举办地	主办单位	承办单位	执行机构
中国—东盟博览会	南宁	中国与东盟各国的商务部门	广西壮族自治区人民政府	中国—东盟博览会秘书处
亚欧博览会	乌鲁木齐	新疆维吾尔自治区政府、新疆生产建设兵团及商务部等 20 多个国家有关部门	乌鲁木齐市人民政府	新疆国际博览事务局
中阿博览会	银川	中国商务部、中国国际贸易促进委员会、宁夏回族自治区人民政府	宁夏回族自治区人民政府	宁夏回族自治区博览局
中国西部博览会	成都	国家发展改革委、商务部等 15 个部委和重庆、四川等西部 12 个省（区、市）人民政府及新疆生产建设兵团	四川省人民政府	四川博览事务局
中国—东北亚博览会	长春	商务部、国家发展改革委和吉林省人民政府	吉林省人民政府	—
丝绸之路博览会	西安	国家发展改革委、商务部、中国国际贸易促进委员会、中国上海合作组织睦邻友好合作委员会	中国国际贸易促进委员会、陕西省人民政府	—

特点：这类区域合作的展会活动一般由商务部门主办，地方政府承办，

地方一般设置专门部门如博览事务局等机构具体执行。往往以展览为主，会展合一，兼办多场会议、论坛；与地方经济发展的关联性强，主题多为加强对外贸易、投资合作、洽谈、推介等。同时，由于举办城市固定，展览和会议品牌与城市的联系密切，展会发展成为地方"名片"的机会较大；地方在展览和会议的安排中有较强主动性，展会甚至成为地方政府的重要工作之一。

（五）地方主办的国际会议、展览

由于我国涉外管理体制的特殊性，大部分高端国际会议的主导权集中在中央，地方政府主动权不多，但也有地方结合自身优势，主办具有地方特色的国际会议和展览并逐渐形成了具有城市特色的会展品牌。

1. 综合性

杭州：西湖博览会。西湖博览会是杭州市政府主办，由一系列专业性展览、会议、活动组成的综合性博览会（如表14所示），包括了住、游、学、创业等各方面的项目与活动。西湖博览会组委会负责总体策划和总体协调，形成了一个在"西湖博览会"品牌之下由政府统筹主导的会议、展览、节事活动群。

表14　杭州西湖博览会项目类别

类别	操作模式	内容
注册项目	由项目单位实行市场化运作、连续举办3年以上、规模和质量逐年提高并获西湖博览会组委会两次以上表彰的具有品牌连续性的项目，经西湖博览会组委会办公室审核同意后方可冠名，一次注册3年有效	西湖国际烟花大会，中国（杭州）美食节，中国杭州名师名校长论坛，中国（浙江）国际家具展览会，国际有线电视技术研讨会，中国浙江国际自行车、电动车展览会，中国西湖情大红鹰玫瑰婚典，西湖艺术博览会，杭州人才交流大会，中国杭州国际汽车工业展览会
引进项目	从国内外引进的重要国际性、全国性项目。一般不与西湖博览会注册项目内容重复、雷同、交叉，有业内权威机构和权威人士直接参与举办工作，举办单位（或合作单位）有丰富的经验和业绩	新丝路国际模特大赛、全国铁人三项锦标赛等

（续上表）

类别	操作模式	内容
支持项目	举办时间不受西湖博览会举办时间限制。主要为符合西湖博览会项目标准，但举办时间安排在西湖博览会期外的项目（主题相近的项目，最多上半年和下半年各举办一次）；具有发展潜力和市场前景，行业机构、会展企业等专业机构参与举办，有意连续举办，可为今后西湖博览会进行培育的成长性项目	中国·杭州千岛湖国际游艇展示推介会、首届全球化制造与中国高层论坛、“明珠杯”首届“杭州形象使者”评选大赛、警察与科学国际讲坛、复旦高层管理论坛、首届全球数字图书馆国际学术研讨会、杭州国际科技生活应用博览会、第八届国际弦乐夏令营、西湖国际定向节、中国国际香水及彩妆展览会、国际旅游小姐冠军总决赛等

2. 专题性

香港：亚洲金融论坛。亚洲金融论坛由香港特区政府和香港贸易发展局联合举办，汇聚全球金融及商界极具影响力的人士，探讨亚洲市场的最新发展与趋势。香港作为主办方，与其国际金融中心的地位，拥有的卓越金融和法律基础优势是分不开的。

上海：陆家嘴金融论坛。陆家嘴金融论坛成立于 2007 年，由上海市政府和中国人民银行、中国银行业监督管理委员会、中国证券监督管理委员会、中国保险监督管理委员会共同主办，在 2008 年举办了第一届论坛。该论坛目标是发展为国内最大、最权威的经济论坛以及国际有名的顶级经济论坛。

深圳：深圳国际 BT 领袖峰会和生物/生命健康产业展览会。深圳国际 BT 领袖峰会和生物/生命健康产业展览会于 2014 年起举办，其前身是从 2012 年起每年举办一次的生物/生命健康产业展览会。生物和生命健康产业作为引领深圳经济、产业结构调整的重要抓手，政府在政策、资金、项目、人才等方面给予了大力支持。

3. 特点

地方举办的国际会议、展览一般由地方政府作为主办方，有时会联合中央或者其他部门共同主办；会议品牌由地方所有，与城市联系比较密切，城市的特色也比较鲜明。此类活动会议与展览融合，与城市产业发展联系紧密，既基于优势的产业基础，同时又有提升产业影响力和集聚力的作用，因此地方政府有着较强的主动性。为增强推动力和影响力，此类展会往往采取“打包推动”的策略，展览、会议、活动兼有，形成一个综合性的活动品牌，例如杭州西湖博览会还实行加盟经营模式，由政府经营西湖博览会品牌，企业操作西湖博览会项目，实行市场化运作。这种模式下政府和企业共用一个品牌，有利于多元开发，形成合力，但也存在专业性不够、主题不够突出等不足。

三、国际会议在国内城市选址的主要特点和新趋势

通过以上对国内城市举办高端国际会议的类型与特征的梳理与概括可以发现，国际会议的选址由主办方影响力、会议议题、参会人员范围、会议举办地综合实力等多方因素的共同作用决定，呈现出一定的规律性特点，也在世界形势的不断变化中演化出新的趋势。

（一）国际会议在国内城市选址的主要特点

1. 国际组织对国际会议选址话语权最强，选址偏好向亚太地区转移

作为国际会议最主要、最活跃的发起者，国际组织、机构和各种行业协会、学会对于其主办的会议会址具有决定权。由于大多数国际组织在欧美地区发起，其总部也主要分布在欧美地区，早期从组织会议的便利性考虑，大多数国际会议选择在欧美城市举办，形成欧美城市成为国际会议集聚地的现象。也得益于会议业起步早，欧美发达国家的许多城市举办高端国际会议历史悠久、经验丰富、设施齐备，在举办国际会议尤其是高端国际会议领域有着传统的优势。然而，伴随世界经济增长重心东移，越来越多国际会议议题聚焦亚洲，与此同时亚洲城市建设日臻提速，城市环境大幅改善，新建了大量技术先进、功能齐全的会议配套设施，亚洲成为世界会议旅游的新热点，亚太地区成为一个新兴的国际会议目的地。

2. 国内城市承办政府间国际会议一般由中央统筹安排

政府间国际组织选址我国举办国际会议，一般是与我国中央政府相对接来决定具体的承办城市。大部分高端国际会议尤其是政治性较强的会议，其决定权都在中央。总的来说，影响力越大的国际会议，中央的主导性越强。具体来说，中央的选址偏好有以下特征：一是对于涉及国家政治敏感问题的高层领导人会议基本选址在北京、上海，例如上合组织会议国家元首会议、APEC 领导人会议等。二是对于金融、经济、其他专业性产业会议，则主要根据城市不同基础与条件，根据与会议主题的契合度选择不同城市举办，例如

中国—东盟博览会选址南宁、中阿博览会选址银川，都体现出强烈的地域经济特色。三是均衡全国城市发展的意愿明显，根据每个时期的国家发展战略重点决定具体承办城市，例如2015年上合组织总理会就是考虑到丝绸之路经济带经贸合作的战略布局而选址辐射东中西的物流通道枢纽郑州。四是城市争取举办权的意愿与工作积极性也会对会议选址产生影响，例如夏季达沃斯论坛就是在大连和天津地方政府的积极争取下落户两地。

3. **国际会议对场地综合性配置条件要求高**

国际会议正在朝复合性的方向发展，会议与展览的关系越来越密不可分。许多区域合作会议本身就包含了合作洽谈会议、各界企业展览两方面内容，越来越多的国际性行业协会也会在举办年会时举办小型的展览活动，提供与会人员了解新技术、新产品的平台。许多大型展览在举办的同时也举办主题相关的研讨会、圆桌会议等，以增加参展人员的信息交流和沟通，提升展览在行业中的话语权。会展融合、会展互促已成为趋势，对场地的会展综合性配置条件要求也越来越高。会议举办地要同时具备国际标准的会议配套设施，例如组合分隔的多功能会议厅、多媒体播放系统、同声传译设施、媒体服务设施等，充足的展览空间和展台搭建技术支撑，以及充足、便利、高规格的大型餐饮、住宿、休闲、娱乐、交通设施等。目前，国内很多地方将新建的会展中心设在远离市中心的新城区，配套设施供应相对不足，对地方统筹资源、承办国际会议的能力形成巨大挑战。天津市原本希望夏季达沃斯年会选址天津滨海新区，带动新区发展，但由于新区配套条件不足，达沃斯官方最后还是选择了近郊的梅江会展中心。而海南博鳌则由于会议、展览、五星级酒店等配套设施完善，在博鳌论坛永久落户的基础上，每年还举办大大小小数百场国际会议，成为海南重要的商务会展中心和旅游休闲目的地。

（二）国内城市举办国际会议的新趋势

1. **中国在国际会议领域的话语权逐渐增大**

虽然国际组织在国际会议选址中具有最主要的决定权，但是中国对于国际会议的话语权正在逐步增强，对国际会议选址的主导性越来越大，这与中国经济实力、国际地位的不断上升是密不可分的。从国际会议的议题偏好上看，中国经济发展状况受到世界瞩目，更多国家和地区希望了解中国、与中国开展更深入的合作，中国成为越来越多国际会议的议题焦点，越来越多的国际会议选址中国。从国际会议举办能力来看，随着我国经济的持续快速发展、国际影响力的提升以及城市化进程的推进，中国一大批城市在世界城市体系中的地位不断提升，也具备了举办各类高端会议的能力，发展会议经济的条件日趋成熟，使中国日益成为世界许多国际组织关注的会议目的地。因此中国城市将会承接越来越多的高端国际会议。

更为重要的是，随着中国在国际事务中的作用越来越大，中国正在逐渐成长为一个重要的国际会议生产地区。一方面，中国与其他国家之间的互动协商越来越多，以中国作为重要成员的国际组织、区域合作论坛越来越多地将会议放在中国举办，形成“国际会议引入中国”的发展态势。另一方面，中国自身主办的国际会议吸引参会人士层次越来越高，影响也越来越大，中国主办的国际会议品牌逐渐出现并走向成熟，形成“中国会议走向世界”的趋势。

2. 地方举办国际会议的主动性不断增强

当前我国正在进入构建更高水平的开放型经济的新时期，地方参与举办国际会议的意愿不断增强。一方面，在全面开放理念的指导下，中央在统筹高层次国际会议的选址的基础上，也给予地方政府越来越大的自主空间去积极争取举办高端会议。政治色彩较淡、主题专业性较强的国际论坛、国际协会和学会会议、区域经济合作会议和展览，是中央下放给地方政府举办的主要国际会议类型。另一方面，会议产业由于其绿色、低碳、高回报性和强带动性等特征，成为城市经济转型升级的重点发展产业类型。高端国际会议尤其能够有效增强城市相关产业的资源集聚能力，提高城市的国际知名度，树立城市的国际形象，成为地方政府竞相争夺的热点。地方在国家总体战略框架下，结合自身经济社会发展特色举办的国际会议逐渐增多，影响力不断提升。

3. 城市与会议之间的联系更加密切，城市更加积极塑造专属的国际会议品牌

国内城市之间的竞争日益激烈，会议主办地也更加分散。各地城市制订国际会议、会展产业发展规划，在城市国际化发展规划中明确举办国际会议的主题定位和发展策略，根据自身的发展方向、产业优势、城市特色，积极承办或主办高级别的国际会议。以发展规划为指导，越来越多的城市对国际会议的参与不再仅限于举办地，而希望能够以一种更加紧密的合作方式达成双赢，借此促进会议与城市的有机融合、共同发展。主要举措有争取固定高端国际会议会址，或创办或主导举办国际会议，借会议影响力的扩大打造城会一体的城市名片。上海的陆家嘴金融论坛、深圳国际BT领袖峰会和生物/生命健康产业展览会都已成为既有产业影响力，又提升城市形象的综合性活动品牌。

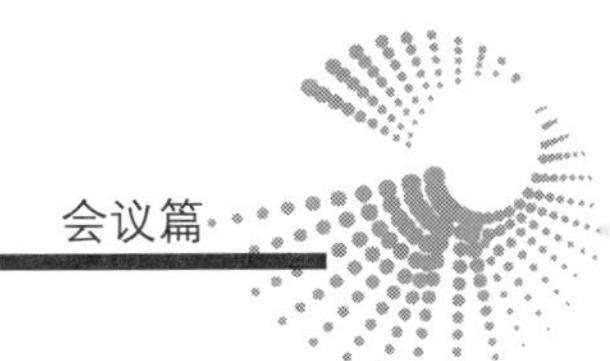

四、广州举办国际会议的条件分析

（一）广州举办国际会议概况

1. 发展历程

（1）1998 年以前：市场自发发展阶段

城市经济的飞速发展是吸引国际会议在广州聚集的重要基石。作为国家对外贸易的前沿城市之一，广州早期的国际会议基本是为了满足对外产品推介需求而举办的，通过相关行业、领域的国际会议将广州推向国际贸易舞台，促进广州对外经贸合作的发展。这一时期的国际会议大多依附于展览而存在，如广交会、广博会等，以展为主，会议仅为展览中参展者集中交流的一个环节，影响力较弱。

（2）1998—2011 年：主动引进阶段

国际会议是城市实现建设国际化大都市战略目标的重要推动力量。20 世纪 90 年代以后，城市国际化上升为广州城市发展的重要目标，主动融入国际舞台，举办国际会议，提高广州的国际知名度，成为广州实施城市国际化战略的重要抓手。以 1998 年广州主动承办世界大都市协会董事年会为开端，广州在 10 多年间主动吸引和承办了世界城市和地方政府组织（UCLG）世界理事会会议、国际海运年会等各类高端国际会议和盛会，2010 年亚运会的成功举办，更是使广州的办会能力实现质的飞跃。

（3）2012 年至今：品牌树立阶段

品牌是城市会议产业的核心价值。经过多年的发展，广州国际会议业形成了较好的规模效应，具有一定的国际地位，在此基础上，通过举办品牌国际会议提升广州在国际社会的话语权和主导力，成为广州举办国际会议的新趋势。一方面，一批基础较好的专题会展活动逐步发展成为相关领域的世界知名会展品牌，如国际艺术博览会、国际纪录片大会等。另一方面，政府积极整合外事资源，创办了广州国际城市创新大会，成为广州自有、具有较大国际影响力的高端专业国际交流平台。

2. 发展特点

（1）举办国际会议起步早、能力强

得益于广交会的地缘优势，广州成为国内国际会议展览业起步最早的城市之一，经过长时间发展，已经成长为国内三大会展中心城市之一。目前广州拥有会展业企业215家，星级酒店234家，其中五星级酒店23家，具有一流的服务设施体系和地面交通体系，承接国际会议能力较强。尤其是2010年以来，经过举办亚运会等大型国际盛会的考验，广州的会议组织接待能力得到突飞猛进的发展。

（2）国际会议数量多、类别全

国家中心城市的地位、良好的展会集聚基础和较强的办会能力，使得广州成为国际会议在中国的首选举办城市之一。广州举办国际会议的数量在亚运会后急剧增多，仅2014年至2015年达35场，已初步形成了涵盖多种行业和领域、形式多样、内容丰富的国际会议格局，在举办规模和层次上取得了明显进展（如表15所示）。

表15　近年来在广州举办的主要国际会议一览

<table>
<tr><th colspan="2">会议类型</th><th>会议名称</th></tr>
<tr><td colspan="2">政府间国际组织高端会议</td><td>亚信首届高官会</td></tr>
<tr><td colspan="2">国际论坛</td><td>1998年世界大都市协会董事年会、2009年UCLG世界理事会会议暨广州国际友城市长大会、2016年世界经济论坛商业圆桌会议等</td></tr>
<tr><td colspan="2">国际行业协会、学会会议</td><td>2010、2013国际海运年会等
2015（第十届）城市发展与规划大会</td></tr>
<tr><td colspan="2">中国与区域合作国际会议、展览</td><td>“中非产能合作论坛——聚焦东非三国”会议、第二届对非投资论坛广东21世纪海上丝绸之路国际博览会主题论坛等</td></tr>
<tr><td rowspan="2">地方主办的国际会议、展览</td><td>综合性</td><td>广州国际城市创新大会</td></tr>
<tr><td>专题性</td><td>大型：广交会、金交会、海交会、创交会、艺博会、国际纪录片大会等
小型：建设国际航运中心圆桌会议、全球生物医药健康产业发展圆桌会议等</td></tr>
</table>

（3）发展轨迹与城市国际化进程相辅相成

广州举办国际会议与城市国际化建设息息相关。一方面，城市功能的优化和城市地位的提高使得举办国际会议获得更好的发展前景，另一方面，国际会议是广州城市外交的重要资源和城市经济的新引擎，其成长过程不断为广州城市国际化贡献力量。20 世纪 90 年代中后期，城市国际化战略正式提出，国际会议规格和规模实现质的转变；进入 21 世纪，随着城市国际化发展提速，一大批本土会展品牌不断壮大，形成国际影响；“十二五”时期，广州提出建设“面向世界、服务全国的现代化国际大都市”的决策部署，举办国际会议数量和品牌影响都创下历史新高。

（二）广州举办国际会议的基础优势

1. 国家中心城市功能完善

作为国家中心城市之一，广州已经形成服务导向型经济体系，高度发达的经济、庞大的消费市场、四通八达的交通网络、悠久的岭南文化对珠三角乃至全国经济均已形成了强大的辐射和带动作用。在这种良性互动中，珠三角经济以及全国经济也对广州形成了强大的支撑效应。在全球产业大变革大调整的背景下，作为全球高端服务中重要组成部分的会议展览业将随着全球高端产业向中国转移而转移，在内部支撑外部转移的双重驱动之下，以广州为中心，辐射珠三角、长三角乃至环渤海经济圈的全球新的会展中心聚集区域将逐步形成，这对广州发展高端会议业形成强大的支撑。

2. 会议基础设施条件较好

依托空港、海港、集疏运体系，以及快速发展的会展业和酒店业，广州的城市基础设施不断完善，会议配套服务能力不断增强。2014 年，广州航空港旅客吞吐量高达 5478 万人次，国内排名第 3（仅次于北京 9105.7 万人次，上海 8965 万人次），高于新加坡（5409.307 万人次）等城市。2013 年广州酒店客房总间数达到 7.23 万间，在与国内外会展城市相比，居于较高水平。2013 年广州会展场馆总面积达到 53 万平方米，高于北京（44.79 万平方米）、上海（44.40 万平方米），以及国际会展中心城市慕尼黑（44 万平方米）、伦敦（20.7 万平方米）。

3. 城市国际化水平较高

广州城市国际化发展程度较高，在全球国际城市网络中已占据一定地位。从城市国际化各评价指标排名来看，广州当前处于世界城市等级体系划分中的第三层级，即“区域性国际城市”，与卢森堡、布达佩斯、约翰内斯堡等国家首都城市和曼彻斯特、西雅图、奥克兰、福冈等发达国家重要城市位置相当，在中国城市中仅次于北京、上海、香港和台北，领先于深圳、重庆等城市。随着广州开放型经济的持续发展和对外开放领域的不断拓宽，贸易投资、文化教育、医疗卫生、体育旅游、科技人才等领域的对外交流日渐频繁，国际合作需求旺盛，在国际组织核心层中的话语权和决策能力日益增强，参与国际规则制定、参与全球治理与合作的能力逐步提升，广州城市国际影响力不断扩大，为举办高端国际会议创造了良好的发展环境。

（三）广州举办国际会议的制约因素

尽管具备了一系列良好条件，当前广州发展高端国际会议仍存在较为明显的不足和制约因素：

1. 获得中央支持的力度相对较弱

广州国际会议业态发展良好，但是在承办政府间国际组织高端会议方面机会不多、经验较少，尤其是没有举办过领导人峰会。作为层级最高的国际会议，政府间国际组织高端会议影响范围最广、影响力最强、关注度最高，对会议承办能力的要求自然也最高，同时也对承办城市国际会议业水平的提高具有强大促进作用。以前这类会议集中在北京和上海，近年来中央开始放开此类会议的承办地点，天津、杭州、南京甚至郑州、苏州等城市都先后承办了一些重要国际组织的领导人峰会，而广州在这方面还是一片空白。形成当前局面的原因有很多，例如与首都北京地理距离相隔较远，给会议议程的安排、人员协调或安全保障带来不便等，但总的来说，这类会议的举办地主要由中央决定，广州在举办高端国际会议尤其是政府会议中，还需要进一步加强工作，争取更多来自中央的支持。

2. 与国际会议行业机构联系与合作不够强

广州本土国际会议业虽具一定规模，但与国际会议行业机构联系尚不够紧密。国际上会议业已形成多个较成熟的行业领导组织，如ICCA、UIA等，为会员间信息交流提供便利，为会员最大限度的发展提供商业机会，是促进国际会议业发展事半功倍的重要途径。北京、上海等城市都将与国际会议行业机构密切联系作为会议业发展的重要工作来抓，并先后承办了2010年世界旅游及旅行理事会（WTTC）全球峰会、2013年ICCA第52届年会等的重要会议，在业内形成较好的口碑。广州还没有加入ICCA等重要会议组织，未来还需进一步加强联系与合作，拓展合作空间，共同吸引和争取更多适宜广州举办的高端国际会议。

3. 现代产业体系发展支撑不足

高端国际会议作为国际会议发展的顶端形态，要求汇聚知识技术信息前沿，具有高产业带动力和创新传播力，因此具有高度发达的现代产业体系，是吸引甚至主办经济类高端国际会议的重要支撑，例如深圳国际BT领袖峰会和生物/生命健康产业展览会的发展壮大有赖于全国领先的生物和生命健康产业的蓬勃发展，上海举办陆家嘴金融论坛更是与上海发展的金融产业和国际金融中心的定位密不可分。目前广州在现代服务业、先进制造业等方面具有一定的综合性优势，但是从高端产业引领来看，能在国际上具有较大影响、独具优势的产业并不突出，尤其从现代服务业、高新技术产业和自主创新能力等方面来看，与北京、上海、深圳等城市相比仍有一定差距，难以为吸引或主办行业性高端国际会议提供足够有力的支撑。

4. 缺乏专业的国际会议统筹协调机构

国际会议的举办一般都有专业的会议组织者（Professional Conference Organizer，简称PCO）和目的地管理公司（Destination Management Company，简称DMC）协助会议主办方运作，尤其是国际协会的全球性或地区性的年会或大会，更是要经过多个会议申办地的竞标、实地考察、投票选择等一系列程序来决定会议目的地，专业性组织者在其中发挥着重要的作用。从国际知名会议城市的形成与发展机理可以看出，具有强大实力的组织者和相关企业是这类城市会议产业发展的推动主体。众多国际知名会议城市更是设立了专门的会议服务机构为各类会议举办提供支持，如布鲁塞尔会议局、雅典会议局、布拉格会议局、新加坡展览和会议署等。从国内城市发展近况来看，上海、北京均已形成较为明确的专业会议组织机构和目的地管理公司的分工，成都、杭州、西安、海口等城市纷纷成立了会展局、博览局或大型活动办，负责国际会议展览的管理与开发。

从目前广州情况来看，具有影响力和竞争力的专业会议企业较为缺乏，在市场主体薄弱、力量不足的情况下，要承接更多高端国际会议，需要发挥行政主导和扶持带动作用。目前，广州国际会议审批和管理由市外办礼宾处兼管，经贸类国际会议则通常由市商务委审批。在当前分散型、以审批为主的管理模式下，对高端国际会议的开发处于空白状态，对国际会议的招揽能力较弱，以广州作为国际会议目的地的形象塑造、包装策划和宣传推介，无论在力度和广度上都还远远不够。而高端国际会议的引进和举办涉及多方面的协调，需要借鉴国内外先进城市经验，设立专门机构，负责对国际会议的统筹开发、宣传推介和协调运作。

5. 大型国际会议硬件水平有待提升

大型国际会议参加人数多、规格高、事务繁杂且常与展览套开举办，对会议举办地的会议、住宿、餐饮、交通、娱乐等会展软硬件设施要求非常高。中国香港、新加坡等重要国际会议目的地都具备了可承办超大规模会议的场地，例如新加坡 SUNTEC 国际会展中心有亚洲最大的无柱大会议厅，面积达 12000 平方米，既可举办超过 10000 人的大型会议（剧院式），又可举办演唱会、展览和大型宴会等其他大型活动。从目前广州的会议设施功能和水平来看，承办大型综合性高端国际会议和展览的能力有限，主要反映在场地配套设施无法满足举办大型国际会议和展览的需要，会议与展览的场馆相互分离，会议和展览场馆分布较为不合理等方面。尤其是缺少综合性、集多种功能于一体、具有较高整体硬件设施和管理服务水平的大型会展中心，对广州承接大型高端国际会议有较大的影响。

五、广州举办国际会议提升国际化水平的思路与路径

（一）总体思路与目标

结合广州市现实条件，未来广州应当进一步明确争取举办高端国际会议的方向与路径。要积极举办更多国际会议，进一步提升城市国际化水平，应坚持分类推进，突出重点，统筹资源，形成品牌的原则，以加快广州城市国际化发展为宗旨，以广州建设枢纽型网络城市为目标，区分层次、多元发展，构建金字塔形的国际会议体系，服务全市对外开放，助推国家中心城市和“一带一路”重要枢纽建设。

1. 顶层争影响：争取国家支持，三到五年内举办一次政府领导人峰会或工商界峰会

根据中国举办政府间国际组织国际会议的趋势，积极争取上合组织国家元首会议下一次由中国主办时，交由广州承办。考虑到此类会议的难度较大，也可以尝试争取一次中国与国际区域合作的领导人会议或部长级会议，如中欧领导人会晤或中非合作论坛部长会议。与此同时，争取与知名国际机构合作，在经济领域举办一次高端国际会议，如《财富》全球论坛。

2. 中层树品牌：每年举办一到两次广州主办、掌握主导权的高端国际会议，形成品牌

加强与国际组织的合作，以广州国际城市创新大会为框架，拓展主题、扩大主体、提升影响，每两年举办一次高端国际会议，打造成为与广州城市

紧密相连、国际影响力较大的高端国际会议品牌。结合国家“一带一路”建设战略，发挥广州是“21 世纪海上丝绸之路”战略枢纽城市的地位优势，打造一个围绕“21 世纪海上丝绸之路”主题的国际会议品牌。

3. 底层扩数量：统筹各方资源，发挥各部门各行业积极性，每年举办一批行业性、专业性国际会议

围绕中心工作，加强与国际组织、行业协会和学会、跨国公司合作，在国际商贸、航运、航空、港口、金融等领域每年承办 3 ~5 次引领行业风向的国际会议。统筹协调，提供支持，鼓励相关部门、行业协会、高校科研机构、公司企业等主体，采取多种形式每年举办一批行业性、专业性国际会议以及圆桌会议等，形成广州作为国际会议重要举办地的集聚效应。

（二）争取中央支持，积极争取影响力大的领导人峰会

顶层会议资源稀少，对举办城市的发展促进作用最大、最全面。广州应当与中央保持密切沟通，积极争取举办此类会议的机会。

1. 把握机遇，争取政府间国际组织领导人会议实现零的突破

政府间国际组织的领导人会议包括国家元首会议、政府首脑会议，以及部长级会议等，参会人员代表政府，讨论议题涉及面广，引发的关注度也最高，对举办地的知名度提升非常显著，相应的，承办会议的成本也比较高。从广州的发展现状来看，还缺少主办这类高端会议的经历，在未来 3 ~5 年内如能举办一次这类会议，对于提升广州在世界的知名度和国际影响力有着非常积极的作用。

随着中国国际地位的提高，中国积极参加了多个重要的政府间国际组织并发挥着越来越重要的作用，近年来也承办了较多的这类国际会议。由于这类会议遵循的是平衡、对等的原则，一般轮流在会员国举办，中国再次主办同一国际组织会议的时间间隔会较长，例如 APEC 领导人非正式会议，中国于 2001 年在上海、2014 年在北京举办，前后相隔 13 年。在中国加入的国际组织中，上合组织的成员国相对较少，中国轮替主办的机会较多且已于 2001 年、2006 年、2012 年举办过 3 次上合组织国家元首会议，根据轮流机制，很可能在 2018 年左右再次由中国主办。而从 2015 年上合组织政府首脑会议在郑州以及 2016 年 G20 峰会在杭州举办来看，原来由北京、上海所垄断的这类重要政府间国际组织会议的情况正在打破，将会有越来越多的城市有机会参与主办，这也与国家统筹区域发展的大局相符合。华南城市还没有举办过如

此高端政府领导人会议，广州应该充分调动各种资源，提前谋划，积极争取，抓住这次机遇，力争实现举办政府间国际组织领导人会议零的突破。

2. **优中选优，适当引进重量级国际论坛**

各类国际论坛的差异较大，尤其是在当前各城市加快发展国际会议的情况下，许多商业性国际会议公司纷纷来华开拓市场。广州作为国家中心城市和具有一定区域影响力的国际城市，需要在目前的高起点上，优中选优，综合社会影响、经济辐射等多方面的考虑因素，认真选择具有独特资源的国际论坛主办方，适当引进举办一些与广州经济社会发展现状紧密对接、与全市中心工作相契合、国际影响力较大的国际论坛，如《财富》全球论坛。

中国也在积极打造自行主办或主导的论坛并推向国际，世界互联网大会、博鳌亚洲论坛等都是成功的范例。但是，此类国际会议多由中央政府及部门实际运作，地方的主动权和可以发挥的空间相对较小，另外，这类论坛倾向于远离大城市，寻找环境优美适宜建设之地。从目前来看，广州很难找到合适的机会作为此类论坛的固定举办地。

3. **创新模式，持续推进中国与国际区域合作会议**

中国与世界的区域合作越来越紧密，相应的，各类区域合作会议也不断增多。这类会议的国际关注度和影响力相对低于政府间国际组织的领导人会议，但优势在于中国作为区域合作的一方与另一方轮流主办相关会议，因此举办会议机会相对较多。从历史经验来看，这类会议集中在北京召开，主要由于北京会议设施齐全，国际交通便利，同时也便于领导人安排各项工作，但是近年来也出现了在其他城市举办的势头，如2015年在苏州举行的中国与中东欧国家首脑峰会。因此，广州在未来积极争取，在中国与国际区域合作论坛中举办一次领导人会议还是有较大可能的。

（三）主动谋划推广，树立长久落户广州的国际会议品牌

影响力大的领导人峰会一般在各个成员国城市轮流举办，广州还是要主动谋划，积极推广，打造落户广州、与城市紧密联系的国际会议品牌。

1. **不断扩大自有地方国际会议品牌的影响**

在国际化的推动下，各个城市充分发挥自主性，聚集各方资源主办国际会议并不断探索创新，扩大影响，形成各具特色的会议品牌。杭州的西湖博览会是综合性展会的典范，深圳的深圳国际BT领袖峰会和生物/生命健康产业展览会是行业性会议的成功案例。这类会议最大的特点是城市具有绝对的

主导权，会议的成功举办得益于城市经济社会发展提供的坚实基础，会议也有力地促进城市经济的发展和品牌的提升，与此同时地方政府在会议的主办、宣传、推进中也要承受更大的压力，需要投入更多的资源。

从广州现实情况来看，广州国际城市创新奖是广州自主创办的具有一定国际影响力的重要奖项，在此基础上举办的广州国际城市创新大会具有较大潜力，有望发展成为广州自主举办高端国际会议的典范。要进一步扩大广州国际城市创新大会的影响力，关键是深化与城市多边交往国际组织合作。世界城地组织、世界大都市协会等国际组织在联合国等国际舞台上非常活跃，在全球城市发展中具有强大的带动力和影响力，广州与以上国际组织具有良好的合作基础，已共同举办了三届广州国际城市创新大会，影响力日益扩大，应加大对正在成长中的创新大会的培育和扶助力度，在“城市创新”的主题和框架下，结合城市发展热点和展会资源，通过会议套开、会展结合等途径，将其打造为广州自有的高端国际会议品牌。

2. 抓住中央推进中非合作机遇吸引品牌会议落户

基于加强重点友好合作地区联系的考虑，中国对特定地区多个国家的整体性外交磋商机制运用愈发频繁，在中国与合作地区之间轮流举办政府领导人之间的高层会晤的次数越来越多。此类会议中的首脑级别会晤一般设在北京，但下设的主题论坛有较大外迁可能，而且能够吸引有关国家政府部门以上高层人士参会，有机会发展成为政府间国际组织会议等顶层会议。

中非合作论坛下设的对非投资论坛是目前广州最有实力争取永久落户的中国与区域合作政府会议主题论坛。对非投资论坛是2015年习近平主席出席中非合作论坛约翰内斯堡峰会的重要成果，已列入《中非合作论坛——约翰内斯堡峰会行动计划（2016—2018）》。对非投资论坛也将采取在非洲和中国之间轮流举办的模式，首届论坛已在埃塞俄比亚举行，2016年第二届论坛则选址广州，由广东省人民政府、国家开发银行和世界银行联合主办。广州是中国与非洲经贸往来与合作最为繁荣的地区，具有良好的贸易投资基础和人文交往友谊，最有潜力成为对非投资论坛中方主办部分永久落户城市。近年来，中非合作愈发密切，在共同应对经济全球化挑战，谋求共同发展方面取得长足进步，广州应当主动在国家对非合作战略中承担更重要的责任，争取该论坛的主办权。

3. 抓住建设21世纪海上丝绸之路战略机遇打造品牌会议

中国为加强与周边国家的区域合作，也在多个城市举行了面向特定区域开展经贸合作、会展一体的博览会。这类会议国际影响力相对而言是区域性的，主办权在中央部委（主要是商务部）或省级政府，城市的话语权相对较弱，但其与地方经贸发展结合较为紧密，而且固定地点持续举办，也使得博览会能够发展成为当地的一张城市名片。

从目前来看，中国与周边区域合作的博览会已全面覆盖，与东南亚地区合作的博览会在南宁已经举办多届且中央支持力度较大，广州在这方面已无先机，目前可以利用的一个契机是国家“一带一路”战略，各地都积极参与并抢占各种相关的名义。广州可以抓住建设“一带一路”战略重要枢纽城市的机遇，围绕“一带一路”战略的主题，面向沿线国家举办相应的国际会议。广州2015年承办的“广东21世纪海上丝绸之路国际博览会主题论坛·港口城市发展合作高端论坛”可以说是一个成功的例子，但是未来如何进一步发展提升，还有很多不确定因素：海上丝绸之路是一个主题概念而非一个确定的区域；广东21世纪海上丝绸之路国际博览会（简称“海博会”）主办权在省政府，广州作为会议主办地对会议的主导权相对较弱等。因此，广州要进一步在办会模式上寻找突破与创新，一方面充分借助和利用海博会的资源，另一方面又要保持独立性，在名称上不再加海博会前缀，也不再是海博会的附属活动，而是作为广州自主举办的“海上丝绸之路城市论坛”，与海博会开展合作，可以同期也可以另行择期举行，每届结合“一带一路”推进进程选择适当主题，争取打造成为广州具有独立主办权的高端国际会议品牌。

（四）引导社会力量，不断做大国际会议市场

1. 政府主动策划行业龙头国际会议

各种国际行业协会、学会数目众多，每年在世界各地举办的国际会议数以千计。各个协会、学会的实力有很大差别，举办的国际会议影响力也参差不齐。这类会议是国际会议市场的主体，广州作为对外开放的门户城市，多举办这类会议，对于发展壮大行业规模、提升人才队伍素质、提高会议场馆的使用效率等都有着积极意义。对此类会议，政府部门应统筹协调，结合广州发展的中心工作，主动策划积极申办影响力较大，对广州经济社会发展有明显带动作用的会议，如国际航运业、航空业、港口业、商贸业等行业的重要会议。

2. 发挥社会力量实现各领域国际会议百花齐放

鼓励各相关部门、行业协会、高校科研机构积极申办其他一些行业性、

部门性、专业性的国际会议和小型的圆桌会议，发动各方力量共同推动国际会议市场的发展壮大。密切与国际会议展览公司联系，开拓市场化国际会议来源。大量国际知名会议展览公司也是国际会议的重要发起者，密切与国际会议公司如英国博闻集团、法国智奥公司等的联系，对接各自资源优势，创造更多合作举办国际会议的机会。

3. 加强与国际组织联系提高广州作为会议目的地的知名度

要获得更多举办国际会议的机会，必须切实加强与相关国际组织和机构的合作，充分借助其优势资源。一是强化与会议行业国际组织合作。全球会议的相关国际组织有十多个，其中最主要的有国际大会与会议协会（ICCA）、国际专业会议组织者协会（IAPCO）、会议策划者国际联盟（MPI）、国际协会联盟（UIA）、国际展览局（BIE）等，目前广州尚未加入ICCA，未来需进一步密切联系，借助诸多国际会议组织的渠道和网络，加强与国际知名会议城市、会议机构的联系合作，吸引该类平台上的国际会议来穗举办，同时依托其专业平台，丰富举办国际会议经验，开展会议设施、人员培训、信息咨询、秘书服务等方面的合作，培养与国际接轨的专业会议人才。二是加强与专业性国际组织、行业协会合作。面向构建国际航运中心、贸易中心、物流中心和现代金融服务体系的发展目标，优先发展符合广州产业发展方向的品牌会议和国际大会，重点开展与港口、航运、贸易、物流、金融类国际组织合作，积极吸引专业性国际会议来穗举办乃至落户，进而增强广州在该专业领域的知名度和影响力。

（广州市社会科学院、广州市外办联合课题组。成员：伍庆、姚宜、胡泓媛、邓丹萱、李丰、吕伟、陈燕）

调研篇

广州会展来宾调查报告

为了全面、准确反映广州市会展业发展的规模和水平，综合反映会展产业带动国民经济相关产业的发展情况，由市商务委员会（2014 年以前为市经济贸易委员会）和广州市统计局共同组成的广州市会展业统计调查课题组（以下简称课题组）逐年在全市范围内开展会展业基础统计调查工作，统计调查成果已逐步成为相关职能部门重要的决策参考。

会展业作为现代服务业的重要组成部分，其对经济建设和社会发展的价值和意义，更多地体现在会展来宾各种消费对本地旅游、交通、餐饮、住宿、购物、娱乐等上下游产业的拉动作用。为更全面反映广州市会展业对全市经济的贡献，课题组自 2007 年起，在开展会展业统计时，增加了会展来宾消费情况抽样调查。结合调查数据和会展业基数，提出会展拉动系数及测算拉动规模。调查数据是对会展经济统计的重要补充。

本报告是对 2015 年全年会展来宾全年抽样调查数据的统计分析，调查结果主要为测算会展拉动规模提供基础数据。

一、调查过程概述

（一）调查目的

开展会展来宾消费情况调查，目的是了解来穗参加会展活动的境内外来宾在广州食、住、行、游、购、娱等方面的花费及其他有关情况，测算广州市会展业拉动旅游（外汇）收入的规模，了解参会来宾对广州市会展业的评价和建议，为政府有关部门制定会展业相关政策措施提供参考，不断提高广州市会展业服务水平。

（二）调查范围及对象

会展来宾抽样调查的访问对象为到广州市参加会展活动且停留时间不超

过3个月的境内外来宾。为使数据采集不重不漏，调查尽可能在来宾离穗前开展。

（三）调查内容

会展来宾消费情况问卷调查，由课题组在参考相关地区和城市调查方案和方法的基础上进行制订调查方案，之后逐年按照需要在调查时略作调整和补充。

2015年会展来宾消费情况抽样调查包括了以下内容：

①来宾的基本情况，包括居住国家或地区、职业等；

②来宾在穗参加会展及其他活动的情况；

③来宾在穗星级酒店住宿情况以及在穗停留的天数；

④来宾在穗花费情况，包括在食、住、行、游、购、娱等方面的消费金额及构成；

⑤来宾对广州会展业及相关接待服务质量的评价；

⑥来宾对广州市会展经济的意见建议等。

（四）调查方式

会展来宾抽样调查全年抽取了不同的展会，既有一年两次定期举办的中国进出口商品交易会（以下简称广交会），也有平时举办的其他展会。对交易会来宾的抽样调查，由广州白云国际机场、广州火车东站以及各省驻穗办事处等离穗口岸和机构协助。各口岸通过调查员进入现场的方式，对参加广交会的境外来宾进行离穗前问卷调查，同时还通过各地驻穗办事处对境内市外的来宾进行问卷调查；对其他展会的调查，由办展机构协助，以拦截调查的方式，在展会现场随机对来宾进行问卷调查。

（五）调查样本

2015年，通过选取春秋两季广交会和其他展会，共获得成功样本2239个。抽样调查能够兼顾各种类别的展会，样本代表性较强，拉动系数的测算获得了数据支撑，结果相对科学合理，相应地使会展业统计成果更科学翔实，能够更加全面和客观地反映会展业对全市经济建设和社会发展的拉动作用，为广州制定更为合理的会展业发展政策提供决策参考。

（六）组织实施

会展来宾消费情况调查由课题组委托广州市统计咨询中心负责实施。广州市统计咨询中心通过做好以下方面的工作，确保调查顺利完成。

1. **组建培训队伍**

成立了会展来宾消费情况抽样调查项目组，指定专人负责该项工作，招募培训调查员，培训考试合格的调查员才可以参与调查工作。为了解境外来宾的消费情况，还聘请了高校外语学院的学生，将调查问卷翻译为英文、法文、日文、韩文、德文、西班牙文等不同文字，以合理比例对境外来宾进行抽样调查，从而保证了样本结构更合理更科学。同时和广东外语外贸大学、广州外语艺术职业技术学院建立了稳定的合作关系，保证每一次调查都有足够的外语调查员参与，使全部样本中的外宾样本达到了数据测算所要求的必要样本量。

2. **协调各方关系**

在调查前，提前与有关单位取得联系，包括机场、火车站、驻穗机构，以及展会承办方等，取得这些单位的协助和支持，保证调查工作顺利进行。

3. **严格控制调查质量**

严格按照实施方案开展调查工作。在实施调查期间，派出督导员现场进行质量监控，指导、监督调查员的调查工作。督导员实时监控，了解调查情况并及时解决调查中遇到的问题，保证样本的合理性和代表性，指导好调查问卷的现场审核和现场回收工作。每个调查员均坚持“一份作假、全部作废”的监督原则，对不合格问卷予以剔除，有效问卷回收率保证达到90%以上，确保有效问卷数量与构成比例。必要时组织补充调查。

4. **做好数据处理工作**

调查完成后对问卷进行评审和确认，组织专人编码录入。为保证数据质量，采取两次录入再比对确认的方式。在此基础上进行大数审核，严格控制数据之间的散总关系，降低错误数值和极端数值对调查结果的影响。对审核通过的数据库用SPSS统计软件汇总，对调查结果进行描述性和相关性分析，并测算拉动系数及总值。

5. **调查结果验收与应用**

当年的调查数据库、调查汇总结果和调查分析由课题组负责把关和验收。验收合格的调查结果应用于全年会展业数据测算及其他方面。

二、调查结果分析

课题组2015年会展来宾调查结果显示：87.9%的会展来宾在广州过夜，比上年（92.0%）略有下降。过夜来宾平均停留天数为5.01天，比上年（4.81天）略有增长；人均花费为7697.67元，高于上年（7473.84元），其中国内来宾人均花费4624.42元，境外来宾人均花费为10027.07元。未过夜来宾人均花费为578.54元。[①] 经测算，全年展览活动综合拉动消费达226.85亿元，比上年（241.22亿元）略有下降。总体来说会展来宾在穗消费情况保持平稳，对展会场馆设施、展会服务等相关总体评价趋好。

2015年会展来宾抽样调查选择春秋两季广交会和两场其他展会举办期间开展调查。其中广交会历史相对悠久，举办时间固定，参与人员相对稳定，调查数据具有较好的延续性和可比性。除广交会外，近年来广州市各类国际知名的展会越来越多，影响越来越广，选取其他展会来宾开展调查，能够更为全面反映会展业的拉动效用。

（一）调查结果分析

1. 样本构成

（1）居住地分布

从会展来宾样本居住地分布来看，50.2%属于境外人士，49.8%属于境内人士。在境外人士中，83.3%为外籍人士，16.7%为港澳台同胞。在境内人士中，69.7%为省外，30.3%为省内市外。[②]

（2）会展来宾身份构成

从会展来宾样本参展身份来看，参展商占27.3%，采购商占65.3%，其他占7.4%。

（3）职业构成

从会展来宾样本职业构成看，采购人员（25.6%）、企业机构负责人（25.2%）和专业技术人员（21.1%）分别占会展来宾总数的两成以上，营销

①本项调查所指的会展来宾花费，既包括个人负担的开支，也包括公司机构负担的开支；不包括入穗之前花费的来穗或往返车船费用，但包括在穗花费的离穗车船费用。

②此项调查样本以广交会来宾为主体，相应地境外样本占比较大。由于调查抽样并非随机方式，样本的结构不能反推总体。

人员（18.1%）占比接近两成，部分样本来宾的职业属于行政及财务人员（5.6%）和其他职业（4.4%）。

（4）经营业务构成

从会展来宾样本所在企业经营的主要业务构成看，居前五位的是日用品类、建筑及装潢材料类、其他服务类、综合类、家用电器和音像器材类，合计占60.5%。其他来宾所在企业主要业务分布在28个不同业务类别，样本相对较少。

2. 会展来宾在穗停留天数

（1）不同地区来宾停留天数

在被调查的会展来宾中，87.9%的来宾选择在广州过夜，平均停留天数为5.01天。其中，国内来宾停留4.99天，境外来宾停留5.03天。在国内来宾中，省外来宾停留5.46天，省内来宾停留2.31天。在境外来宾中，外籍人士停留5.52天，港澳台同胞停留2.41天。

（2）不同住宿设施来宾停留天数

在被调查的会展来宾中，95.2%的来宾会选择宾馆饭店作为在穗住宿设施。其中，住五星级宾馆饭店的占22.7%，住四星级的占31.3%，住三星级的占33.9%，还有12.1%的来宾选择住其他宾馆饭店。住宾馆饭店来宾的停留天数占总停留天数的94.2%，其平均停留天数为4.96天。另有1.2%的来宾选择旅馆招待所，3.6%的来宾选择公寓和私人住所等非住宿业设施住宿，相比上年的5.0%，选择公寓和私人住所的比重下降1.4个百分点。选择公寓和私人住所等非住宿业设施的来宾平均停留天数长于选择住宿业设施的来宾，为6.04天。（如表1所示）

表1　会展来宾在穗住宿情况

住宿设施类型	选择比例/%	停留天数占总天数的比例/%	平均天数/天
住宿业设施	96.4	95.7	4.97
宾馆酒店	95.2	94.2	4.96
旅馆招待所	1.2	1.5	6.20
非住宿业设施	3.6	4.3	6.04

3. 会展来宾人均花费水平

调查数据显示：会展来宾人均花费为6873.35元。来宾人均花费水平因居住地、住宿设施和是否过夜的不同而存在明显差异。过夜和不过夜来宾人均花费分别为7697.67元和578.54元，相差7119.13元。过夜来宾中，境内和境外来宾人均花费分别为4624.42元和10027.07元，相差5402.65元；在住宿业设施过夜的来宾和在非住宿业设施过夜的来宾人均花费分别为7754.27元和5900.69元，相差1853.58元；住宿业设施中，在三星级及以上宾馆和三星级以下宾馆的来宾人均每天花费分别为1590.00元和1307.80元，相差282.20元。（如表2所示）

表2　会展来宾在穗人均花费情况

指标	人均停留天数/天	人均花费/元	人均每天花费/元
合计	—	6873.35	—
（一）过夜人员	—	7697.67	1536.46
1. 居住地	—	—	—
境外人员	5.03	10027.07	1993.45
外籍人士	5.52	10972.64	1987.80
港澳台同胞	2.41	3496.53	1450.84
境内人员	4.99	4624.42	926.74
省外	5.46	5186.24	949.86
省内市外	2.31	1867.11	808.27
2. 住宿设施	—	—	—
住宿业设施	4.97	7754.27	1560.22
三星级宾馆及以上	5.06	8045.40	1590.00
三星级宾馆以下	4.40	5754.30	1307.80
非住宿业设施	6.04	5900.69	976.94
（二）不过夜人员	—	578.54	—

4. 会展来宾消费构成

从会展来宾的消费构成看，来宾大部分花费用于“住、行、食、购”，占96.7%，而“游、娱”占1.8%，邮电通信及其他花费占1.5%。从人均消费来看（按实际有该项花费总人数计算），居前三位的花费项目是乘飞机、住宿和购物，分别是4205.08元/人、3158.67元/人和2052.08元/人；从各项实际花费人数比重看，最高的是餐饮（94.8%）和住宿（83.8%），较低的是娱乐（9.1%）和景区游览（9.7%）。（如表3所示）可见，会展业对广州市餐饮业、住宿业和交通运输业的发展拉动作用相对较大，并为这三个行业带来了较明显的经济收益。

表3　按实际有该项花费总人数计算的人均花费情况

花费项目	花费比重/%	实际有该项花费人数比重/%	人均消费/元
合计	100	—	6873.35
乘坐飞机	25.7	42.1	4205.08
乘坐火车	1.7	44.8	266.49
乘长途汽车	0.2	6.6	221.57
乘轮船	0.0*	0.3	240.00
住宿	38.5	83.8	3158.67
餐饮	14.5	94.8	1047.39
景区游览	0.8	9.7	537.69
娱乐	1.0	9.1	755.76
购物	13.5	45.3	2052.08
市内交通	2.6	67.9	266.55
邮电通信	0.6	35.1	113.09
其他	0.9	17.0	353.72

*此处比重不为0，因占比较低，可忽略不计

5. **会展来宾在穗的其他活动情况**

在穗停留期间，会展来宾除参加展会活动外，在穗还参加了其他活动。在受调查来宾中，参加最多的会外活动是商务（66.6%），随后依次是会议（20.3%）、观光旅游（16.1%）、其他活动（15.2%）、其他展览（9.3%）、探亲访友（6.2%）、休闲度假（3.6%）、文化体育科技交流（1.7%）等。

6. **不过夜来宾的情况**

在被调查来宾中，12.1%的来宾不在广州过夜。不过夜的国内来宾基本都来自省内，不过夜的境外来宾多数是港澳台同胞。超三成不过夜来宾当天返回家中，其余来宾不在广州过夜的主要原因是参加会议（15.7%），然后依次是探亲访友（12.7%）、广州的住宿价格较高（12.0%）、到其他的城市或

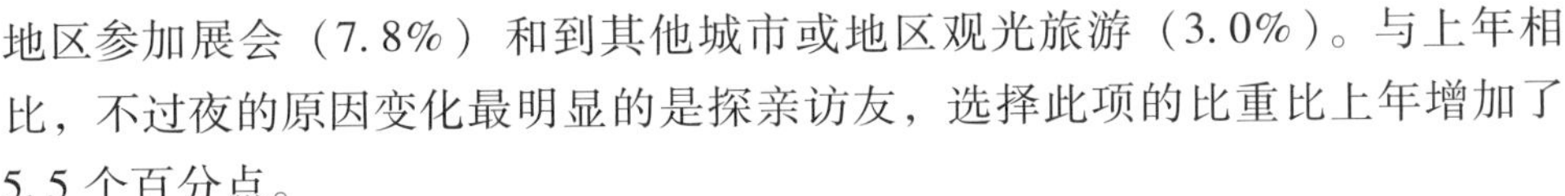

地区参加展会（7.8%）和到其他城市或地区观光旅游（3.0%）。与上年相比，不过夜的原因变化最明显的是探亲访友，选择此项的比重比上年增加了5.5个百分点。

7. 会展来宾对广州市会展业及相关服务的评价

会展来宾对广州市的场馆设施、展会服务等相关总体评价趋好。从评分结果来看，对“场馆设施”的评价为5分和4分的分别有41.9%和42.2%，两者合计84.1%，平均评分为4.23分，在所有评价指标中得分最高，可见广州的场馆建设得到了海内外来宾的广泛认可。评价次之的是“展会服务”，评价为5分和4分的分别有32.0%和42.1%，两者合计为74.1%，平均评分为3.99分，反映出广州在注重会展场馆等硬件设施建设的同时，也应注重相关配套服务设施的完善。平均评分接近4分的还有住宿、展会宣传投入和展会成交效果。平均评分相对较低的是交通、餐饮和娱乐。（如表4所示）

表4　来宾对广州市会展业及相关服务的评价

评价指标	各分值占比/%					平均分
	5分	4分	3分	2分	1分	
场馆设施	41.9	42.2	13.6	1.8	0.6	4.23
展会知识产权保护	30.7	37.1	22.6	5.8	3.8	3.85
展会宣传投入	29.1	42.9	21.2	4.0	2.7	3.92
展会成交效果	27.2	42.3	23.2	5.7	1.6	3.88
展会服务	32.0	42.1	20.6	3.9	1.4	3.99
住宿	29.5	43.5	21.4	4.1	1.5	3.95
餐饮	20.5	40.9	26.4	7.8	4.4	3.65
交通	14.6	30.5	31.5	12.3	11.1	3.25
娱乐	20.6	42.5	27.6	5.9	3.3	3.71
购物	26.5	42.2	25.3	3.6	2.4	3.87
景点	20.9	42.5	29.2	4.3	3.2	3.74

（二）会展来宾对全市消费的拉动测算

本项调查主要为测算全市会展业中展览拉动消费的规模提供基础数据。以2015年会展来宾消费情况抽样调查所得出的来宾在穗消费金额和全市会展

业年报中全年到穗参加展览的来宾总数进行推算，全年展览拉动的消费达226.85亿元。（如表5所示）

表5　2015年会展来宾拉动消费总额及构成

花费项目	花费比重/%	拉动旅游消费/亿元
合计	100	226.85
长途交通	27.6	62.61
住宿	38.5	87.35
餐饮	14.5	32.89
景区游览	0.8	1.81
娱乐	1.0	2.27
购物	13.5	30.62
市内交通	2.6	5.90
邮电通信	0.6	1.36
其他	0.9	2.04

三、对策建议

在调查过程中，会展来宾还对广州市会展业发展提出各种意见和建议，主要包括提升服务人员的英语水平和补充英文标识，改善服务态度，完善相关配套服务；改善交通状况，治理拥堵问题，治理公共环境卫生；进一步简化相关手续，提高服务效率；改善食宿环境和种类，合理调整住宿价格。此外还应该加强场馆相关指引工作，加强秩序监管，在提高展会知名度的同时为参展商提供更好的服务。

根据本次抽样调查结果以及会展来宾对广州市会展业及相关配套服务的意见建议，就广州市如何进一步促进会展业健康有序地发展，提高会展业拉动消费效应提出如下建议：

1. 依托供给侧结构性改革，解决供给侧在会展行业中存在的相关问题，更好地服务全市发展大局

会展业的发展离不开经济的发展，会展业会随着经济的发展产生一些变化。因此，在当今经济结构调整，降低过剩产能，增加有效需求的大环境下，解决供给侧在会展行业中存在的问题，是当下会展业亟须解决的问题。根据广州市会展业的发展现状，从宏观角度上看是协调处理供给与需求的合理配置，通过创新、创造，培育能与展馆相对应的展会，在最大程度上利用展馆；从微观角度上看，要注重解决展会自身存在的结构性问题，要落到实处，而不是流于形式。建议相关部门以此为契机，制定和调整相关政策措施，不断丰富会展的内容和形式，最大程度利用展馆资源，进一步提升广州市会展活力，服务全市经济发展和社会建设大局。

2. 紧密把握人才强市战略“1+4”政策文件，加强会展人才的引进和培养，引领会展业上升新台阶

人才是行业发展的基础，会展经济的发展有赖于会展人才的引进。“十三五”期间，广州市更注重集聚高层次人才、营造创新创业氛围。当前广州市科技人才推动创新成果转化和产业化的动力还不够足，人才集聚效应与北京、上海相比仍有差距，新型人才的引进势在必行。首先，会展业相关部门应密切关注全市人才政策的变化，充分利用相关政策，积极创新高级会展人才的引进机制，吸纳海内外会展人才，同时鼓励国际性人才交流与互动，为会展业创新发展奠定基础；其次，建立专业人才培养机制，鼓励和支持高等院校培养会展类专业人才，积极参与会展类专业课程的改革与创新，以广州市人才培养为基础，逐步增强会展人才培养，促进广州市会展业的长足发展。

3. 提升软件服务水平，完善城市配套服务，提升广州市会展业国际影响力

根据《广州建设国际会展中心城市规划（2013—2020）》，广州明确提出“三年品质提升、八年国际一流”的发展目标。就会展业发展的硬件设施来看，已日趋完善，但在会展相关的配套服务方面，仍然需要进一步的提升。从会展场馆的相关服务设施来看，服务人员的语言能力、相关场地指引及简化手续等方面亟待加强；从城市配套服务设施来看，交通、食宿、卫生、安全等方面，均有改善空间。建议相关部门从会展硬件设施、软件服务以及城市相关服务角度着手，提升会展业形象，打造良好品牌效应，不断提升广州市会展业国际影响力。

（会展业统计课题组。组长：陈杰，广州市商务委员会主任；李华，广州市统计局局长；陈泳芳，广州市商务委员会副主任。成员：李丹、杨淑怡、邓谦、杨美、高巍、倪静、乐晶、卢洁辉、谭艳璐）

2016年 广州会展业发展报告

Annual Report on Guangzhou Convention & Exhibition Industry Development 2016

区域篇

海珠区

一、琶洲地区会展业发展基本情况

琶洲位于广州市海珠区琶洲岛，四面为珠江所环绕，交通便利；是广州大CBD地区的重要组成部分，未来十年广州重点建设的区域，也是包括港澳在内的珠江三角洲90分钟经济圈的原点和核心。目前琶洲地区拥有国内最大规模的展馆建筑群和世界一流的展馆资源，其中广交会展馆总建筑面积达到108.6万平方米，展厅面积34万平方米，是目前亚洲设施先进、档次高，多功能、综合性、高标准的国际展览中心。周边相继落成中洲国际商务展示中心、保利世贸博览馆、南丰国际会展中心等，琶洲地区的展馆资源多元、丰富，形成“国有、民营、外资”三足鼎立局面，展馆展览面积达53.9万平方米，居世界前列。从全市角度看，海珠区年度办展面积占到广州市重点场馆办展面积的九成以上，基本上形成了“广州会展看海珠”的业界共识，琶洲地区的会展业在全市脱颖而出，成为了广州会展业的代表符号。

（一）会展业集聚力不断增强

近年来，琶洲地区会展产业全面发展。2008—2015年，琶洲地区举办展会场次年均增长达26.7%，展览面积年均增长近14%，10万平方米以上的大型展会数量增加了一倍，从2008年的8场增加到2015年的16场。

（二）展会品牌化趋势日益明显

广交会、广州国际照明展等两个展会展览规模居同行业世界第一，中国（广州）国际家具博览会、中国（广州）国际建筑装饰博览会、广东国际美容美发化妆用品进出口博览会等3个展会规模为同行业亚洲第一。此外，中国（广州）国际汽车展览会、琳琅沛丽亚洲皮革展等展会发展成为国际知名品牌展会，中国国际中小企业博览会、广州（锦汉）家居用品及礼品博览会

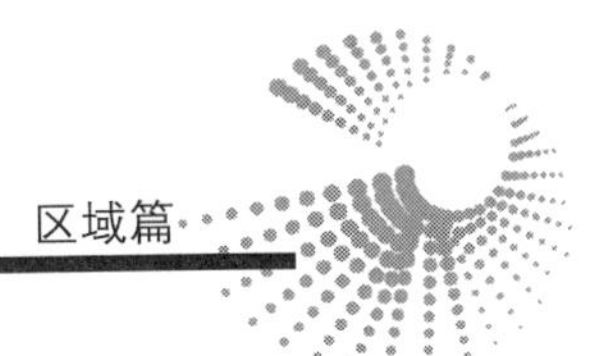

等展会被认定为全球展览业协会（UFI）。

（三）会展企业呈集聚发展态势

琶洲地区集聚了中国对外贸易中心、广州益武国际展览有限公司、广州市保利锦汉展览有限公司等一批知名展览企业，其中中国对外贸易广州展览总公司、广州益武国际展览有限公司、广州市保利锦汉展览有限公司、广州闻信展览服务有限公司、广东智展展览有限公司等5个企业被认定为UFI成员单位。全国首家会展主题园区——琶洲会展产业孵化基地在琶洲启动，吸引90多家会展企业及相关配套入驻集聚发展。

二、发展面临的挑战和机遇

在国内会展城市中，北京、上海、广州成为第一梯队，各具优势，均衡发展，呈现“一超两极”的发展格局，三地均举办展览会数量多、规模大、国际化程度领先、展馆基础设施完善。北京、上海、广州分别为环渤海经济带、长江三角洲经济带、珠江三角洲经济带的中心城市，具有极强的区域辐射效应以及全国辐射能力。三大城市凭借优厚的城市经济实力，在会展业发展中继续强势领跑全国各大城市。

总体而言，琶洲地区的会展业发展机遇与挑战并存。自广交会整体搬迁至琶洲地区以来，琶洲国际会展中心区功能不断成熟，办展数量和质量均都已位居全国前列，是全国会展商务活动最集中、最活跃的区域之一，成为广州面向全国、服务世界的名片。但现有的展览规模、质量档次、配套设施、管理服务与海珠区建设“国际展都”的目标以及会展经济的发展要求仍不相适应。

（一）机遇

1. 展馆可展览面积全国第一，投资主体多样化

2006年底，琶洲地区只有广州国际会展中心（后改名广交会展馆）A区、中洲国际商务展示中心等两个展馆，可展览面积仅有17万平方米。随着广交会展馆B区和C区投入使用，广交会展馆展厅面积达34万平方米，2015年海内外会展机构在广交会展馆举办的会展活动展览面积达654.58万平方米，广交会展馆成为全球办展规模最大的展馆。此外，琶洲地区展览群规模在全国乃至亚洲可排在第一位，展览馆的投资主体与其他城市相比也呈现多元化的特征，既有国有企业投资的展览馆（广交会展馆、保利世贸博览馆），也有民营企业投资（中洲国际商务展示中心）和外资企业投资（南丰国际会展中心）的展览馆，各展馆形成“国有、民营、外资”三足鼎立局面，为展会主办方提供多样化的市场选择。

2. 展会数量不断增长，展览规模逐步扩大

在我国，上海、广州、北京在规模以上展会的举办数量和展览面积上占有绝对优势，2012 年全国展览面积前 100 位的展会项目中，上海占了 22 个，北京有 12 个，广州则拥有 17 个，这 17 个项目都在琶洲举办。2015 年，琶洲地区 10 万平方米以上的大型展会达到 16 场，在国内处于龙头位置。其中，展览规模居同行业世界第一的展会有 2 个：广交会和广州国际照明展览会；展览规模居同行业亚洲第一的展会有 3 个：中国（广州）国际家具博览会、中国（广州）国际建筑装饰博览会和广东国际美容美发化妆用品进出口博览会。

3. 办展的质量与档次不断提升

近年来，琶洲地区的展会展览范围从传统的家具家居、工业机械等扩大到信息、科技、房地产等多个领域，也培育出一批在行业与地区内有较大影响的专业品牌展览。除了展览规模排名世界第一和亚洲第一的展会外，琶洲地区还举办了中国国际塑料橡胶工业展览会、广州酒店设备用品展览会等大型知名展会，展览面积均超过 20 万平方米，成为行业内展会的“标杆”。此外，中国（广州）国际汽车展览会发展成为全国三大汽车品牌展会之一，中国留学人员广州科技交流会被誉为中国海外留学人员交流“第一品牌”，中国国际中小企业博览会、广东国际广告展览会和广州国际 LED 展览会等展会展览面积超过 10 万平方米，中国（广州）国际专业音响、灯光展览会、广州（锦汉）家居用品及礼品展览会等一批专业展会在业界内口碑不断提升。这些展会逐步发展成我国聚集国际创新产品和技术、促进国际贸易的重要平台，已成为中国贸易的风向标。

4. 琶洲互联网创新集聚区加快建设

琶洲已被广州市委、市政府选定为互联网创新集聚区，将引导集聚电子商务研发、支付、营销、运营等高端要素，吸引国内外电子商务与移动互联网总部企业落户，建设亚太地区电子商务总部示范基地。目前已有腾讯公司、阿里巴巴集团、复星集团、国美集团、唯品会公司、小米科技公司、YY 欢聚

时代集团、环球市场集团等企业确定入驻琶洲。这将促进新经济与传统产业的融合，将互联网、电子商务与展贸有机结合起来，形成全球独创的会展电商联动产业带，打通线上线下的 O2O 平台，将给琶洲地区会展业开拓新的市场，创新经营模式带来重要的影响。

（二）挑战

琶洲地区会展业已经取得了长足的进步，但现有的展览规模、质量档次、配套设施、管理服务与海珠区建设“国际展都”的目标以及会展经济的发展要求仍不相适应。归结起来，主要面临以下几个问题。

1. 展览数量和规模增长渐缓

虽然近年来琶洲地区的展会数量和展览面积连续 7 年呈增长态势，但增长速度却有降低趋势。2010—2015 年，各年展会场次增长率分别为 70.6%、17.1%、18.9%、30.4%、11.6%、11.44%，呈下降趋势。目前，国内不少城市正加紧步伐兴建会展场馆，会展市场的竞争已愈演愈烈，琶洲地区的不少展会呈向外转移或分流的状态，展会数量的增长相对放慢。同时，展会展览面积增长率也有所下降，一旦有实力、上规模的展会移至其他会展城市举办，展览面积将出现大幅度减少，每年新增的小型展会也难以补齐缺口。

2. 品牌实力有待提高，市场秩序亟待规范

纵观国际发达的会展城市，每个城市都有自己的名牌展会。琶洲除了广交会、家具展等少数展会享誉全球外，在品牌展会方面还比较欠缺，获得 UFI 认证的展会也屈指可数（5 个），品牌展会在琶洲每年举办的展会总量中占比不到 2.5%。此外，琶洲举办的展会数量很多，但不同展会在质量和效益上差距很大。由于会展企业良莠不齐，有部分企业缺乏品牌意识和长远观念，只尽可能地多办展而不注重内涵的积累和质量的提高，从而影响了会展品牌的树立。特别是个别企业唯利是图，随大流、追赶时髦办展，造成同质展、搭车展、野鸡展等重复办展现象，出现参展观众少、宣传不到位、参展商不满意等问题，更导致了会展市场的资源分散，对被“模仿”品牌展会造成一定程度的冲击和消极影响，不利于培育、塑造展会品牌和业界口碑。

3. 交通条件和公共设施相对不足

琶洲地区交通规划相对落后，缺乏大型公共停车场。广交会举办期间停车位需求超过 10000 个，但广交会等展馆地下停车场出于安全考虑不对外开放，停车难问题突出。尽管近年来通过增设 3000 个临时停车位，引导新建项目加大停车配套等措施在一定程度上缓解了停车位不足的问题，但大型展会举办期间停车难问题仍相当突出。广交会筹撤展期间，16 个小时内进出展馆的大型货车就多达 5000 辆次，且每辆货车在展馆内的平均作业时间达 2 小时，导致大量运送展材和展样品的大型货车在同一时段聚集在展馆周边主次干道上等候进场。同时，与广交会同期撤换展的中洲中心、保利世界贸易中心等展馆的大型货车在同一时段聚集，造成“逢展必堵”的局面，只能靠临时交通管制措施维持交通秩序。

此外，琶洲地区目前建筑规模较大，各建筑与地铁连通性不强，造成出行不便。目前仅有保利世界贸易中心和南丰项目与地铁相连。各建筑间未能连通，影响了琶洲地区整体商业商务氛围的营造和人气的聚集。另外，琶洲地区旅业、餐饮、购物、休闲、娱乐等配套建设也未跟上会展建设步伐。

4. 管理体制有待理顺，政府扶持力度不足

政府关于会展业的管理体制有待理顺。以行政审批为例，早在 2004 年上海就率先实行了商品展销会的事后备案制，而广州直到 2010 年才取消展前工商登记。此外，针对放开监管后重复办展等现象难以监控问题，相应的事后备案制度及后续规范手段也迟迟未能出台。同时，由于在琶洲地区举办展会往往牵涉到城管、街道等众多属地部门，缺乏专门的部门进行协调管理，造成在场馆配套安保服务、周边交通秩序、城市综合管理等方面存在不少诟病。

政府扶持范围不够广，力度不够大。即使广州市和海珠区都已设立了专项资金扶持会展业的发展，对会展企业和展会进行个别的、一次性的补贴或者奖励，但与其他城市相比，仍然存在较大的差距。深圳市每年提供 2000 万元政府资金对会展行业进行补贴和奖励，厦门市每年安排专项资金对会展企业、展会、大型展览活动以及城市的总体形象宣传、保障性公共设施进行扶持和完善。此外，海珠区行业协会的功能还不能得到充分的发挥，权威性不够，面对展期相近、展题相同等恶性竞争问题，行业协会的协调、管理、服务还不到位，行业自律依然缺失。

三、未来发展思路与对策

（一）加快完善会展配套设施

根据已有的发展基础和位置优势，将着力打造集世界级商务办公、金融服务和会展商贸为一体的南中国经济最活跃、总量最大地区。按照“一江三城”城市布局规划，加快完善琶洲国际会展中心区控制性详细规划，争取最大限度地优化区域功能布局，全面有序地推进琶洲地区的开发建设。同时落实琶洲互联网创新聚集区、会展塔和物流中转区等配套设施，为琶洲会展区承接全球会展东移提供先进的商务、便捷的交通等基础条件，引领广州建设国际会展中心城市。

（二）加强营销推广，扩大品牌效应

强化琶洲概念，向外界整体宣传琶洲及在琶洲举办的会展项目，鼓励、支持会展企业“走出去”招商招展。升级“广州琶洲会展经济网”，构建全国首个综合会展 App 服务平台（琶洲 service），定期出版《琶洲经济观察》期刊和《琶洲会展经济白皮书》，推介知名会展项目及龙头企业，扩大琶洲影响力。充分发挥琶洲会展的商贸功能，以知名展会项目为依托，协同会展企业与国际国内知名会展城市建立战略合作伙伴关系，联合展馆、会展企业、各地协会等单位继续探索、举办各种形式的“琶洲论坛”，进一步扩大琶洲在国际国内的知名度和影响力。

（三）加强穗港澳区域合作

加强穗港澳区域合作，探讨和创新合作机制，共享资源，建立区域创新体系，极大地发挥港澳的产业联动作用，进一步深化发展琶洲会展产业，增强产业软实力。配合区招商部门、行业协会、展馆运营主体等单位赴北京、上海、香港等会展城市开展招商活动，重点针对全球十大知名展览公司在华的子公司或分支机构进行敲门招商，挖掘合作办展空间，争取引进国际展、专业展，进一步打开国际市场，大力支持将琶洲会展区发展成为广州及全国会展产业的示范窗口。

（四）加大政府扶持、服务力度

借海珠区筹建“全国会展产业知名品牌创建示范区”的契机，加强政府对会展业的组织领导，联合区政府有关部门、广州出入境检验检疫局、中国对外贸易中心等单位共同成立筹建工作领导小组，负责筹建工作的组织领导及综合协调，同时协调多部门的力量，研究解决在琶洲地区发展过程中遇到的困难和问题。此外，进一步扩大政府的惠及范围和影响力，广泛发动会展企业、展会项目、会展园区、会展人才申报市、区的专项扶持资金，加快完成申报、审批等事项，尽快把项目资金落实到企业手中。

（海珠区科工商信局供稿，广州市社科院项目组整理）

越秀区

一、越秀区会展业发展基本情况

2015 年 3 月，广州发布了《广州建设国际会展中心城市发展规划（2013—2020 年）》（以下简称《规划》），《规划》提出打造“一主三副”的广州会展业空间格局，并积极引导九个特色会展集聚区加快发展。作为九个特色会展集聚区之一的“越秀时尚消费展集聚区”，是以流花展馆为核心，包括东宝展览中心、广州越秀展览中心（原锦汉展览中心）等在内的建筑面积约 5.6 万平方米的越秀展馆会展区。

展馆方面。越秀区三大展馆中，流花展馆现作为专业市场使用，但由于经营不善，目前仅有零散的少量商铺开门营业。广州越秀展览中心现由于外立面建筑方案未获批，影响了修建性详细规划的报批及其他后续工作的推进与开展。东宝展览中心自 2003 年起转型作为专业市场经营使用，但目前已基本停业，场内已无商户经营，仅有部分单元出租给公司办公使用。

会展企业方面。越秀区专业会展公司数量在全市排名靠前，其中，规模较大、办展能力较强企业包括广东国际科技贸易展览公司、广州君驰广告传媒有限公司、广州岭南国际会展有限公司等。

展会质量方面。越秀区专业会展公司主办或承办的大型展会主要有 2015 年中华老字号博览会、广州国际眼镜展览会、中国（广州）国际专业音响灯光展览暨国际乐器展览会等，展会规模均已达 1 万平方米以上，并被列入 2015 年广州市重点引进、培育展会活动名单。

二、越秀区会展业发展思路与对策

（一）谋定总体方向

以建设“国际商贸中心核心区”为主线，坚持会展与贸易相结合，会展与越秀产业特色相结合，会展与越秀区的城市功能相结合，依托流花展馆、中国大酒店、东方宾馆，以个体消费为导向，打造“特色会展集聚区——时尚消费展集聚区”，重点发展中小型专业展、消费展和全国巡回展，打造区域中小型专业会展集聚区和广州市中小型会展成长发展的重要培育孵化基地。详如表1所示。

表1　越秀区会展业发展类型及功能一览

区域	定位	展会类型	功能	主要会展场馆
越秀区	时尚消费类	专业短期展	中小型专业展、消费展、巡回展、区域性会议	流花展馆、东方宾馆、广州越秀展览中心

（二）聚力规划推进

一是组织开展《流花会展集聚区产业发展规划》研究工作，按照广州市“重点打造流花地区高端会议承办及中小型展会孵化功能”的发展定位及思路，结合流花商圈及会展场馆实际情况，进一步深入研究流花会展集聚区功能定位及产业发展路径、措施等。

二是以产业发展规划为基础，启动《流花会展集聚区控制性详细规划》编制工作，明确用地布局，优化配套设施及产业布局，统筹城市更新改造等问题。如图1所示。

三是同步开展交通保障专项研究工作，制订交通保障工作方案，改善与越秀区会展业发展相匹配的交通环境。

（三）完善展馆建设

一是在满足相关规划要求和现行技术规定的前提下，积极配合广州市城投集团收回流花展馆经营权相关工作。

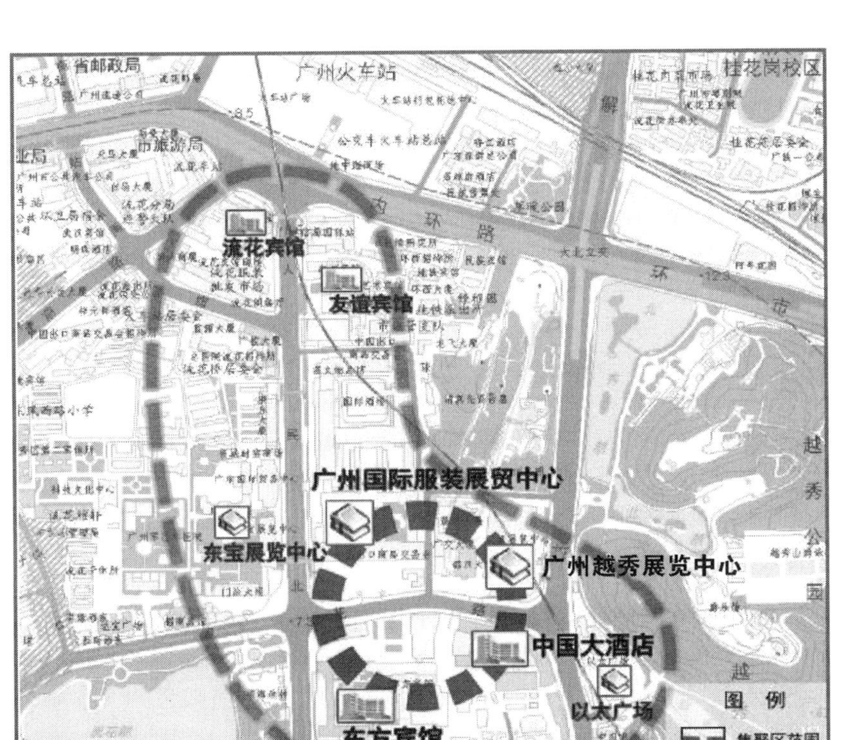

图 1　越秀区会展业发展空间布局指引示意

二是积极协调广州越秀展览中心外立面建筑方案审批工作，加快推进修建性详细规划的报批，并有序推动后续工作的开展，力争早日完成该场馆的建设并投入使用。

三是积极引导东宝展览中心投资运营方改变东宝展览中心用途，重新定位和装修，作为承接举办中小型专业会展的展览场馆投入使用。

（越秀区商务局供稿，广州市社科院项目组整理）

白云区

一、会展接待概况

2016年白云区承接各类大小会议超过1000场。先后接待或举办了“第36届世界骨科大会”“第30届亚太眼科大会”“第4届世界沥青科技大会”“第11届国际转基因技术年会”“2016合成金属科学与技术国际会议”“第四届亚洲人工关节年会”“2017亚太肝病年会”“第28届国际输血大会”“第十九、二十届白云化妆品节”“梦车小镇汽车文化嘉年华活动”等，经过众多大型学术活动以及展会的锤炼，白云区各会展场所已经形成并持续优化了一套成熟的办展模式，其中白云国际会议中心先后荣获中国十佳会议接待饭店、全国优秀会议酒店等奖项，并在全国会展业金五星评选中，荣获了“2016年度金五星优秀会展场馆奖”。

二、会展业特点

以白云国际会议中心为例，白云区会议接待主要呈现以下五个特点：

（一）医疗、金融、服装和日化是重要会议市场

医药行业展会占总数的8.5%；金融行业展会占4.9%；服装行业展会占5.2%；日化行业展会占5.8%。四大行业总占比接近25%。

（二）新兴产业研讨会议比例增加

随着广州产业结构调整、转型升级的步伐加快，汽车、新能源、现代物流、信息科技、先进制造业等支柱性、战略性产业的会议举办量有所增加，占比由2.1%上升到3.4%。

（三）企业和社团组织举办的学术类会议占比较大

2016年，华工、中大等高等院校组织的会议明显增多。企业会议占比77%，社团组织会议占比10%，政府机构会议占比8.4%，事业单位会议占比4.4%。企业会议和社团组织会议两项合计占比接近90%。虽然政府会议总体数量减少，但是由政府主导的国际性或区域性会议逐年增多。

（四）“以会带展，穿插论坛”现象较为普遍

以ABB自动化世界年会为例，会议规模达到3000人，其中外宾达到1000多人，举行了110多场技术讲座、7场行业论坛、一场200多围的大型宴会，使用了50间各类型会议室，展览面积达1.5万平方米。这一大型年会的召开，会议室客源甚至要分流到周边酒店，对整个广州的旅游、交通、餐饮和百货零售等领域都有经济拉动作用。

（五）新会风下，会议在会场、住宿、餐饮等方面提出的新要求和发生的变化

会期主要集中在1～2天，年初1—3月和年末10—12月是会议举办的高峰期；以往会议以宴会、围餐为主，现在基本只需提供自助餐、商务简餐，甚至快餐；会场减少花草摆放和地毯铺设，背景板和横幅均用LED屏代替；客房以双人房为主。

三、当前面临的机遇和挑战

会展业目前属朝阳产业，日渐成为全球信息交流、贸易往来、技术进步和商务旅游的重要载体。广州市“十三五”规划对发展壮大会展产业链提出了新布局、新要求，白云区拥有白云国际会议中心、广州体育馆等优质载体，以及化妆品节、皮具节、车展等有影响力的展会基础，加上白云新城商圈快速发展的带动，会展经济正面临较好的发展机遇。

与此同时，白云区也面临着中小型场馆不足、配套服务不完善、产业协调发展不足等挑战，与天河区、海珠区、越秀区等会展业发达的行政区还有较大的差距，需在下一步工作中提升和完善。

四、下一步发展规划及工作思路

（一）增设中小型专业会展场馆

白云区目前已有白云国际会议中心、广州体育馆等大型场馆，但缺乏中小型专业场馆，在新一轮规划布局中，白云区争取新建或改造一批中小型场馆，促进多层次、多规模、有特色的场馆协调发展，加强专业性，提高场馆利用率，降低办展成本。

（二）完善展馆周边的配套服务体系

改造、新建场馆时，一是需要考虑周边食宿配套设施，使之与场馆的定位相一致；二是完善展位设计、装修、广告以及布展等配套服务，强化场馆的辐射带动作用；三是加强场馆周边的环境、治安、交通建设，做到干净整洁平安有序。

（三）综合考虑场馆与相关产业协调融合

改造、新建场馆时，进行充分调研，综合考虑与场馆周边的旅游资源、餐饮行业、商业、教育等相关产业的互动，如将场馆作为一个旅游景点打造，未承接商业会展活动时，可供市民参观；或由政府牵头，专门打造一个承办公益教育性质活动的展馆等。

（四）加大场馆改造、新建工作的政策支持力度

结合广州市会展业规划的编制工作，在推动白云区新建、改造场馆时，积极争取上级部门在用地保障、规划调整等方面的专项政策及资金支持。

（白云区科工商信局供稿，广州市社科院项目组整理）

花都区

一、花都会展业的基本情况

会展业作为一个新兴的行业，在我国经济生活的各个方面都开始产生重要的影响。会展经济作为经济发展新的增长点也引起了各级政府和社会的高度重视和广泛关注。

有广州市北大门和后花园之称的花都，有着得天独厚的地理优势，在改革开放 30 多年发展的历程中，实现了经济社会跨越式发展，一跃成为广州地区经济发展最活跃的地区之一。会展业作为一个令人瞩目的新兴行业，也在花都经济活动中发挥了重要作用。

改革开放使花都经济步入了高速发展的轨道，尤其是近十年，花都从一个不知名的小县城成长为广州地区经济增长最快的地区之一。近年来，花都的民营经济成长最快，已经成为花都经济生活中一支不可忽视的新生力量。外向型民营企业要拓展国外市场，寻求贸易机会的最直接的渠道就是参加展会，其中最受企业追捧的当属中国的第一大展——“广交会”。除此之外，每年还有许多其他的展会供企业自主选择。一年之中，各种不同类型的展会在广州举办，企业会根据自己的需求，有选择性地参加。近几年，企业参加境外展的热情有增无减。据不完全统计，花都区参加境外展的企业从 2013 年的 16 家增长到 2015 年的 181 家，随着经济全球化趋势的进一步加强，相信更多企业走出国门的欲望将愈发强烈。

崛起中的花都，在改革开放的浪潮中，也真正体会到了会展业所带来的冲击，政府也把会展经济看成是未来最有发展潜力的经济“新引擎”。会展业是一种关联度高的综合性服务贸易行业，能够创造高额的经济价值，提供广泛的就业机会和带动区域经济的增长。与旅游经济、房地产经济同被誉为 21 世纪“三大无烟产业”的会展经济，如今不再是单纯的商品交易活动，它还包括高新技术交流、学术交流、政策探讨，以及文化娱乐等系列活动，涉及服务、交通、旅游、广告、餐饮、娱乐、信息产业等诸多方面，可以直接或间接带动一系列相关产业的发展，达到促进经济和社会全面发展的目的，因此，其市场潜力巨大、发展前景广阔。正因为如此，“狮岭（国际）皮革皮具节”由此应运而生。这绝对是具有前瞻性的战略决策，它的诞生将对狮岭皮革皮具产业发展产生深远的影响。

狮岭镇是中国箱包皮具生产基地，大大小小生产型企业上万家，从业人员达30多万人，占据了世界大众流行箱包的60%以上的市场份额，拥有从原材料加工到皮具贸易、皮具服务完整的产业链，皮具制造的上、中、下游企业都在此地得到快速发展，拥有“中国皮具之都”的美誉。而伴随着产业发展而兴起的朝阳产业——会展业，也就成为狮岭专业重镇发展的新动力。由于会展业能够创造高额经济价值、提供大量的就业机会，势必为专业镇的经济发展带来无限活力。为做大做强皮革皮具产业，也为了扩大“狮岭制造”在国内的影响力和提升在世界的知名度，从2001年开始，每年狮岭定期举办“中国狮岭（国际）皮革皮具节”。

从2001年至今，狮岭专业镇已成功举办了14届国际性的皮革皮具行业盛会。皮革皮具成交额从2001年的5.6亿元，增加到2015年的200多亿元。通过举办皮革皮具节，进一步扩大了狮岭皮革皮具业的影响，提升了狮岭皮革皮具的形象和知名度，促进了国内外知名企业间的相互沟通与交流，同样也促进了地方经济的发展。

二、面临的机遇和挑战

花都具有独特的交通枢纽和发达的制造业产业优势，具备了发展专业会展的基础，应大力发展以狮岭皮革皮具等产业为依托的专业会展经济。

一是狮岭镇是花都区村镇建设规划的示范镇，是率先基本实现现代化试点专业镇。改革开放后，狮岭镇从一个经济与交通较为落后的农村乡镇成长为全国经济综合开发示范镇、广东省级专业镇升级示范区、广东省第二批产业集群升级示范区、广东省城镇化技术集成应用示范试点单位、首批广东省外贸转型升级示范基地、重点培育内外贸结合商品市场试点单位、“中国皮具之都”、中国皮具产业重点发展地区之一。狮岭专业镇的发展奠定其在国际上皮革皮具专业地位，形成了“广州价格”，生产、加工、销售、运输、信息、物流相配套的皮具产业体系已然形成；同时把城市规划理念引入狮岭镇域绿化展业规划之中，对全镇区域按功能进行全面规划，形成了适应专业镇发展需要的创新性绿色工业发展理念。

二是狮岭已形成了专业化的会展品牌——中国皮具之都，有一定的国际市场影响力和知名度、开放度。狮岭皮革皮具产品远销全国甚至东南亚、中东、非洲、欧洲和美洲等地区，专业化会展品牌深入人心。狮岭（国际）皮革皮具城是中国最大的原辅料集散地，共有来自全世界20多个国家和地区以及国内的生产厂家和客商进场经营，国内外皮革皮具行业名牌“连奴”“北极熊”“梦特娇”“范斯特”“瑞士军刀”“皇冠”“鳄鱼”等代理经销商落户狮岭。狮岭皮具会展品牌所产生的集聚效应在中国乃至世界已经显示出强大的实效，占据国际市场上的重要份额。

三是狮岭还具有一批优秀的企业家队伍、管理和技术人才队伍。人才的良好素质是狮岭专业镇产生、形成发展的极为重要的条件和因素。企业家群体超前的理念和拼搏的精神推动了狮岭专业镇的发展。狮岭镇拥有原材料加工、皮具贸易、皮具服务完整的产业链。区域品牌知名度高、影响广泛。“中国皮具之都”和“狮岭制造”不仅在中国产生了巨大影响，而且在皮具业发展处于顶尖地位的法国、意大利、美国等国家也有较高的知名度。

依托产业优势，花都区会展经济的态势已然形成。但与此不匹配的是，花都区目前没有一个合格的会展场馆，狮岭镇会展业也只是“品牌体系”的表层式会展，还不是真正意义上的会展。皮革皮具节只是会展体系中的一项展览功能，交易市场在皮革皮具城功能单一，会展附加值较低。会展需要构建会展体系，包括展览、会议论坛、技术培训、学术交流等方面。深层次会展需要涉及皮革皮具的产业品牌、企业品牌、狮岭品牌，但狮岭专业镇的品牌体系还不成熟和完善，与国际的皮革皮具品牌相比较缺乏竞争力，品牌知名度不高，以低廉产品为主。在狮岭的出口贸易额中，自主品牌的出口只有10%的份额，其他90%是代工生产，狮岭皮具产品还处于价值链的低端，而近90%的利润被品牌商和经销商获得，狮岭皮革皮具的现状仍然没有得到彻底改变。西方发达国家皮革皮具会展的实践经验也证明，发展会展业的关键是要有一支训练有素、技术含量高、善于开拓市场、强于组织管理的会展专业队伍。狮岭专业镇皮革皮具会展还处于初级阶段，组织管理、开拓市场方面仍有待加强。狮岭镇中小企业的技术人才接受培训与职能素质教育的不到3%，主管以上管理人员不足5%，大学本科以上学历的从业人员占总从业人员的比重不到8%，85%以上的从业人员是初中和小学文化程度。在企业家队伍中，受过高等教育的不到100人。

三、未来的发展思路与对策

即便是在信息技术和信息手段迅速发展的今天，会议和展览的便捷性、集中性、直观性、快速性和新闻性，对推广新技术新产品仍起着不可替代的作用。另外，会展活动还能有效促进城市间的政府和企业、企业和企业、企业和消费者，以及社会各主体之间的沟通和交流；会展活动还能带动城市一系列相关产业的发展。因此，花都未来一定要把会展业作为一种重要的产业来发展，并使之成为花都经济发展的新的增长点，从而促进狮岭皮革皮具产业良性发展，进一步提升狮岭的社会影响力和知名度。

一是创建狮岭专业镇会展公共创新平台。围绕狮岭镇皮革皮具节、广交会，创建皮革皮具会展公共创新平台；创建低成本高效用的企业员工、骨干和企业家学习交流平台；创建会展学习型企业和学习型企业家队伍。通过组建会展专家团队、实战派管理咨询队伍、培训师和内训师队伍来带动一批企业走向良性循环，从而驱动会展服务人才整体素质的提升，提高会展的服务质量和管理水平。

二是把会展业列入产业规划重点扶持。会展业将为狮岭带来巨大的经济效益，带来相关产业的联动发展，而且带来大量的就业机会。因此，政府要把会展业列入产业规划重点扶持，要协调好会展业规划与狮岭发展规划的关系，要明确会展业在城市发展规划中的产业定位，满足会展业市场发展的需求。

三是确定发展皮革皮具节为会展会议的主题。会展业包括会议和展览综合服务两部分。在积极进行皮革皮具展览、举办皮革皮具节的同时，举行狮岭国际皮革皮具发展论坛，通过组织论坛、研讨会、沙龙、讲座等多种形式的会展活动，确定发展皮革皮具为会展的主题。

四是充分发挥政府部门的职能作用。会展业在发展的初始阶段，需要各级政府尽快完善会展机制的外部基础和条件，加强对会展行业的培育、引导和扶持。花都区政府应借助白云国际机场和广州北站独特的交通枢纽优势，并争取广州市政府的支持，建设专业的会展场馆等基础设施，大力发展会展经济。

五是积极开展狮岭皮革皮具流行趋势研究及发布，鼓励皮革行业特色区域以质量为本，以诚信为基础，弘扬区域优势，对树立狮岭皮革皮具的优良形象和品牌形象，对提高狮岭镇皮革皮具的竞争力有着十分重要的战略意义。

六是打造“三级品牌”与一体的品牌体系。“三级品牌”是指皮革皮具产业品牌、企业品牌、狮岭品牌。品牌体系的建立，可加速品牌经济的发展，使三级品牌之间互为转化，从而加速专业镇及会展业的发展。通过继续举办中国（狮岭）国际皮革皮具节，并且充分利用广交会、国外的相关会展，让知名企业参展，扩大品牌知名度，使皮革工业从数量主导型过渡到以质量、品质、出口、效益型为主导的名牌战略。

通过会展业，不断提高广州狮岭镇皮革皮具品牌的国内外影响力，进行“二次创业”，体现出“国际化、规模化、专业化、品牌化”的特色，逐步使广州狮岭成为中国乃至国际皮革皮具业著名的会展中心、制造中心、研发中心、信息中心和时尚中心。

（花都区贸促会供稿，广州市社科院项目组整理）

南沙区

根据南沙新区总体规划，南沙区将着力建设商业服务中心——高端商贸与专业会展。推动商业优化升级和展贸融合发展，建设集购物、餐饮、休闲、旅游于一体的地标性商业设施，大力集聚国际知名品牌，建设国际都会级商业功能区。完善会展基础设施，构建穗港澳展览业合作协调机制，联合申办国际知名展会和综合展会，支持联合办展和差异化办展，从会展规模、类型、目标客户等方面错位发展，重点培养时尚消费、高端装备、游艇、海洋等专业会展品牌，形成互补的会展集群。

一、主要会展情况

（一）广州南沙湾国际游艇博览会

1. 博览会概况

自2012年开始，由南沙游艇会主承办的广州南沙湾国际游艇博览会在南沙举行，来自国内外各参展单位和著名游艇厂家生产的各种顶级品牌游艇会聚在此，使南沙湾畔成为游艇的世界。据统计，广州南沙湾国际游艇博览会每年平均吸引了游客1万多人次，成交额近1亿元，博览会现场展出国内外知名品牌生产制造的游艇及帆船，同时为参展观众提供品种齐全、类型丰富的船用设备、零配件及游艇相关服务，旨在集聚海洋休闲产业相关链条，致力于打造华南地区最具规模的游艇行业年度盛会和B2B、B2C交易平台；同时设立与海洋休闲文化相配套的高端生活方式展区。南沙游艇会已与国内部级相关行业协会及新加坡、英国等知名游艇会建立互认机制，建立了良好的关系，这标志着广州南沙湾国际游艇展览会初步形成跨国经贸合作与海洋产业运作相结合的新格局。

2. 最新办展情况

2016年9月29日—10月2日举办第五届“2016广州南沙湾国际游艇博

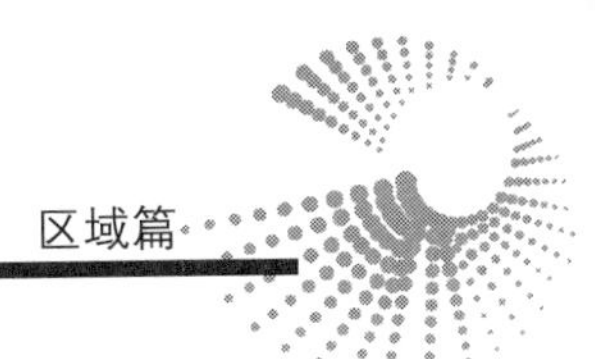

览会”，开幕仪式上还举办了“沃尔沃帆船邀请赛 2017—2018 · 广州停靠站”签约仪式，南沙游艇会确定为此次帆船停靠码头，这是全球最顶尖的离岸帆船赛事首次进入中国内地一线城市，将对南沙乃至整个广州帆船旅游文化的推广普及有着非常重大的意义。

（二）中国（广东）自由贸易试验区广州南沙新区片区平行进口企业展

1. 汽车展概况

中国（广东）自由贸易试验区广州南沙新区平行进口汽车展为广州首个平行进口汽车展会，举办地为南沙蒲州广场。2015 年 11 月，由广州市商务委、南沙开发区管委会主办，广州市汽车服务业协会与广州港集团承办的“中国（广东）自由贸易试验区广州南沙新区片区进口汽车业务推介会既暨平行进口汽车展开幕式”正式启动，省、市、区有关部门，13 家试点企业，珠三角地区汽车贸易商等上百名嘉宾出席，面积近 1 万平方米的展区，展览了汽车平行进口试点企业带来参展近百辆豪车。该展会旨在全面贯彻落实平行进口汽车政策，扩大广东自贸试验区南沙片区影响力，促进南沙汽车产业发展。

2. 最新办展情况

2016 年 11 月由广东省汽车电子商务促进会、广州市汽车服务业协会在南沙蒲州广场联合举办“中国（广东）自由贸易试验区广州南沙新区片区第二届平行进口汽车展”。本次进口名车展秉承了首届平行进口汽车展的宗旨，市民可以免费观摩世界豪车和选购心仪的靓车。

第二届车展亮点颇多，一是参展规模翻番。相比首届汽车展，第二届参展企业规模翻番，数量从 2015 年的 8 家增加到 2016 年的 18 家，参展单位除广物汽贸股份有限公司、广大鸿粤汽车销售集团有限公司等试点企业外，还包括广东车天车地汽车发展有限公司、广州铧发汽车贸易有限公司等珠三角地区汽车销售大型企业。二是参展车辆阵容强大。宾利添（SUV、欧陆飞驰）、玛莎拉蒂（LAYANTA、总裁）、奔驰（GLS450、GLE400）、奥迪（Q7、A8、A7）、宝马（X5M、X6）、沃尔沃（XC90）、丰田（陆巡、塞纳、霸道）等均有参展。

二、南沙会展业存在的问题

南沙会展业起步较晚，基本处于探索阶段，存在场馆硬件设施少、品牌展会缺乏、专业人才缺乏、产业综合竞争力不强等问题。

三、下一步发展措施

（一）规划引领行业发展

进一步提高认识，明确行业发展重点，优化行业布局，丰富会展业资源，实现南沙会展业又好又快发展。

（二）加强品牌培育

结合国家、省、市政策及南沙本地资源、产业优势，培育以本地主导产业和特色产业为基础的专业特色展，形成与周边其他城市特色化、差异化发展的空间格局。

（三）研究制定发展政策措施

通过制定扶持政策，扶持会展主导企业发展及重大展会活动开展。

（四）加强会展人才培养引进

针对目前会展业人才缺稀的现状，结合南沙《广州市南沙区中高级人才引进暂行办法》《广州市南沙突出贡献人才暂行办法》《广州南沙新区、中国（广东）自由贸易试验区广州南沙新区片区集聚高端领军人才和重点发展领域急需人才暂行办法》等人才政策，将展会项目、企业引进和高层次会展人才引进相结合。

（南沙区工科信局供稿，广州社科院项目组整理）

2016年 广州会展业发展报告

Annual Report on Guangzhou Convention & Exhibition Industry Development 2016

政策篇

国务院关于进一步促进展览业改革发展的若干意见

国发〔2015〕15号

各省、自治区、直辖市人民政府，国务院各部委、各直属机构：

近年来，我国展览业快速发展，已经成为构建现代市场体系和开放型经济体系的重要平台，在我国经济社会发展中的作用日益凸显。同时，我国展览业体制机制改革滞后，市场化程度发展迟缓，存在结构不合理、政策不完善、国际竞争力不强等问题。为进一步促进展览业改革发展，更好发挥其在稳增长、促改革、调结构、惠民生中的作用，现提出以下意见：

一、总体要求

（一）指导思想

全面贯彻党的十八大和十八届二中、三中、四中全会精神，贯彻落实党中央、国务院各项决策部署，深化改革，开拓创新，充分发挥市场在资源配置中的决定性作用，更好发挥政府作用，积极推进展览业市场化进程。坚持专业化、国际化、品牌化、信息化方向，倡导低碳、环保、绿色理念，培育壮大市场主体，加快展览业转型升级，努力推动我国从展览业大国向展览业强国发展，更好地服务于国民经济和社会发展全局。

（二）基本原则

坚持深化改革。全面深化展览业管理体制改革，明确展览业经济、社会、文化、生态功能定位，加快政府职能转变和简政放权，稳步有序放开展览业市场准入，提升行业管理水平，以体制机制创新激发市场主体活力和创造力。

坚持科学发展。统筹全国展馆展会布局和区域展览业发展，科学界定展览场馆和展览会的公益性和竞争性，充分调动各方面积极性，营造协同互补、互利共赢的发展环境。

坚持市场导向。遵循展览业发展规律，借鉴国际有益经验，建立公开公平、开放透明的市场规则，实现行业持续健康发展。综合运用财税、金融、产业等政策，鼓励和支持展览业市场化发展。

（三）发展目标

到2020年，基本建成结构优化、功能完善、基础扎实、布局合理、发展均衡的展览业体系。

——发展环境日益优化。完善法规政策，理顺管理体制，下放行政审批权限，逐步消除影响市场公平竞争和行业健康发展的体制机制障碍，形成平等参与、竞争有序的市场环境。

——市场化水平显著提升。厘清政府和市场的关系，规范和减少政府办展，鼓励各种所有制企业根据市场需求举办展会，市场化、专业化展会数量显著增长，展馆投资建设及管理运营的市场化程度明显提高。

——国际化程度不断提高。遵循国际通行的展览业市场规则，发挥我国产业基础好、市场需求大等比较优势，逐步提升国际招商招展的规模和水平。加快“走出去”步伐，大幅提升境外组展办展能力。在国际展览业中的话语权和影响力显著提升，培育一批具备国际竞争力的知名品牌展会。

二、改革管理体制

（四）加快简政放权

改革行政审批管理模式，按照属地化原则，履行法定程序后，逐步将能够下放的对外经济技术展览会行政审批权限下放至举办地省级商务主管部门，并适时将审批制调整为备案制。运用互联网等现代信息技术，推行网上备案核准，提高行政许可效率和便利化水平。

（五）理顺管理体制

建立商务主管部门牵头，发展改革、教育、科技、公安、财政、税务、工商、海关、质检、统计、知识产权、贸促等部门和单位共同参与的部际联席会议制度，统筹协调，分工协作。加强展览业发展战略、规划、政策、标准等制订和实施，加强事中事后监管，健全公共服务体系。

（六）推进市场化进程

严格规范各级政府办展行为，减少财政出资和行政参与，逐步加大政府向社会购买服务的力度，建立政府办展退出机制。放宽市场准入条件，着力培育市场主体，加强专业化分工，拓展展览业市场空间。

（七）发挥中介组织作用

按照社会化、市场化、专业化原则，积极发展规范运作、独立公正的专业化行业组织。鼓励行业组织开展展览业发展规律和趋势研究，并充分发挥贸促机构等经贸组织的功能与作用，向企业提供经济信息、市场预测、技术指导、法律咨询、人员培训等服务，提高行业自律水平。

三、推动创新发展

（八）加快信息化进程

引导企业运用现代信息技术，开展服务创新、管理创新、市场创新和商业模式创新，发展新兴展览业态。举办网络虚拟展览会，形成线上线下有机融合的新模式。推动云计算、大数据、物联网、移动互联等在展览业的应用。

（九）提升组织化水平

鼓励多种所有制企业公平参与竞争，引导大型骨干展览企业通过收购、兼并、控股、参股、联合等形式组建国际展览集团。加强政策引导扶持，打造具有先进办展理念、管理经验和专业技能的龙头展览企业，充分发挥示范和带动作用，提升行业核心竞争力。

（十）健全展览产业链

以展览企业为龙头，发展以交通、物流、通信、金融、旅游、餐饮、住宿等为支撑，策划、广告、印刷、设计、安装、租赁、现场服务等为配套的产业集群，形成行业配套、产业联动、运行高效的展览业服务体系，增强产业链上下游企业协同能力，带动各类展览服务企业发展壮大。

（十一）完善展馆管理运营机制

兼顾公益性和市场原则，推进展馆管理体制改革和运营机制创新，制订公开透明和非歧视的场馆使用规则。鼓励展馆运营管理实体通过品牌输出、管理输出、资本输出等形式提高运营效益。加强全国场馆信息管理，推动馆展互动、信息互通，提高场馆设施的使用率。

（十二）深化国际交流合作

推动展览机构与国际知名的展览业组织、行业协会、展览企业等建立合作机制，引进国际知名品牌展会到境内合作办展，提高境内展会的质量和效益。配合实施国家“一带一路”等重大战略及多双边和区域经贸合作，用好世博会等国际展览平台，培育境外展览项目，改善境外办展结构，构建多元化、宽领域、高层次的境外参展办展新格局。

四、优化市场环境

（十三）完善展览业标准体系

按照总体规划、分步实施的原则，加快制修订和推广展馆管理、经营服务、节能环保、安全运营等标准，逐步形成面向市场、服务产业，主次分明、科学合理的展览业标准化框架体系。

（十四）完善行业诚信体系

加快建立覆盖展览场馆、办展机构和参展企业的展览业信用体系，推广信用服务和产品的应用，提倡诚信办展、服务规范。建立信用档案和违法违规单位信息披露制度，推动部门间监管信息的共享和公开，褒扬诚信，惩戒失信，实现信用分类监管。

（十五）加强知识产权保护

加快修订展会知识产权保护办法，强化展会知识产权保护工作。支持和鼓励展览企业通过专利申请、商标注册等方式，开发利用展览会名称、标志、商誉等无形资产，提升对展会知识产权的创造、运用和保护水平。扩大展览会知识产权基础资源共享范围，建立信息平台，服务展览企业。

（十六）打击侵权和假冒伪劣

创新监管手段，把打击侵权和假冒伪劣列入展览会总体方案和应急处置预案。完善重点参展产品追溯制度，推动落实参展企业质量承诺制度，切实履行主体责任。加强展览会维权援助举报投诉和举报处置指挥信息能力建设，完善举报投诉受理处置机制。

五、强化政策引导

（十七）优化展览业布局

按照国民经济结构调整和区域协调发展战略需要，科学规划行业区域布局，推动建设一批具有世界影响力的国际展览城市和展览场馆。定期发布引导支持展览会目录，科学确立重点展会定位，鼓励产业特色鲜明、区域特点显著的重点展会发展，培育一批品牌展会。

（十八）落实财税政策

按照政府引导、市场化运作原则，通过优化公共服务，支持中小企业参加重点展会，鼓励展览机构到境外办展参展。落实小微企业增值税和营业税优惠政策，对属于《国务院关于推进文化创意和设计服务与相关产业融合发展的若干意见》（国发〔2014〕10号）税收政策范围的创意和设计费用，执行税前加计扣除政策，促进展览企业及相关配套服务企业健康发展。

（十九）改善金融保险服务

鼓励商业银行、保险、信托等金融机构在现有业务范围内，按照风险可控、商业可持续原则，创新适合展览业发展特点的金融产品和信贷模式，推动开展展会知识产权质押等多种方式融资，进一步拓宽办展机构、展览服务企业和参展企业的融资渠道。完善融资性担保体系，加大担保机构对展览业企业的融资担保支持力度。

（二十）提高便利化水平

进一步优化展品出入境监管方式方法，提高展品出入境通关效率。引导、培育展览业重点企业成为海关高信用企业，适用海关通关便利措施。简化符合我国出入境检验检疫要求的展品通关手续，依法规范未获得检验检疫准入展品的管理。

（二十一）健全行业统计制度

以国民经济行业分类为基础，建立和完善展览业统计监测分析体系，构建以展览数量、展出面积及展览业经营状况为主要内容的统计指标体系，建设以展馆、办展机构和展览服务企业为主要对象的统计调查渠道，综合运用统计调查和行政记录等多种方式采集数据，完善监测分析制度，建立综合性信息发布平台。

（二十二）加强人才体系建设

鼓励职业院校、本科高校按照市场需求设置专业课程，深化教育教学改革，培养适应展览业发展需要的技能型、应用型和复合型专门人才。创新人才培养机制，鼓励中介机构、行业协会与相关院校和培训机构联合培养、培训展览专门人才。探索形成展览业从业人员分类管理机制，研究促进展览专业人才队伍建设的措施办法，鼓励展览人才发展，全面提升从业人员整体水平。

各地区、各部门要充分认识进一步促进展览业改革发展的重要意义，加强组织领导，健全工作机制，强化协同配合。各地区要根据本意见，结合自身经济社会发展实际研究制订具体实施方案，细化政策措施，确保各项任务落到实处。各有关部门要抓紧研究制订配套政策和具体措施，为展览业发展营造良好环境。商务部要会同相关部门做好指导、督查和总结工作，共同抓好落实，重大事项及时向国务院报告。

国务院

2015 年 3 月 29 日

国务院关于同意建立促进展览业改革发展部际联席会议制度的批复

国函〔2015〕148号

商务部：

你部《关于建立促进展览业改革发展部际联席会议制度的请示》（商服贸发〔2015〕329号）收悉。现批复如下：

同意建立由商务部牵头的促进展览业改革发展部际联席会议制度。联席会议不刻制印章，不正式行文，请按照国务院有关文件精神认真组织开展工作。

附件：促进展览业改革发展部际联席会议制度

国务院

2015年9月23日

（此件公开发布）

附件

促进展览业改革发展部际联席会议制度

为深入贯彻落实《国务院关于进一步促进展览业改革发展的若干意见》（国发〔2015〕15号），加强部门和单位间有关工作的统筹协调，促进展览业更好地服务于国民经济和社会发展全局，经国务院同意，建立促进展览业改革发展部际联席会议（以下简称联席会议）制度。

一、主要职责

统筹协调和深入推进促进展览业改革发展的主要工作任务，促进展览业

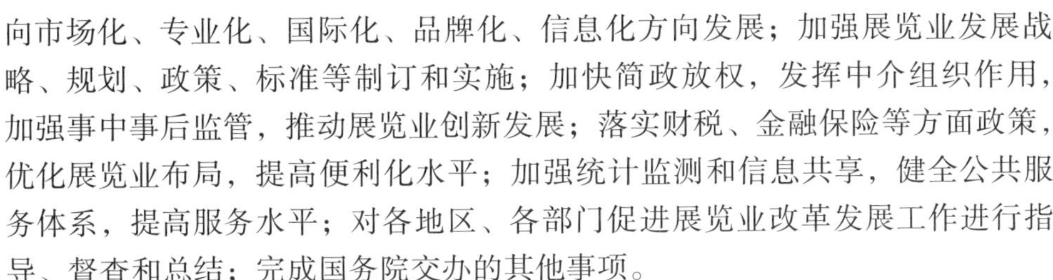

向市场化、专业化、国际化、品牌化、信息化方向发展；加强展览业发展战略、规划、政策、标准等制订和实施；加快简政放权，发挥中介组织作用，加强事中事后监管，推动展览业创新发展；落实财税、金融保险等方面政策，优化展览业布局，提高便利化水平；加强统计监测和信息共享，健全公共服务体系，提高服务水平；对各地区、各部门促进展览业改革发展工作进行指导、督查和总结；完成国务院交办的其他事项。

二、成员单位

联席会议由商务部、发展改革委、教育部、科技部、公安部、财政部、海关总署、税务总局、工商总局、质检总局、新闻出版广电总局（版权局）、统计局、知识产权局、贸促会等14个部门和单位组成，商务部为联席会议牵头单位。商务部主要负责同志担任联席会议召集人，分管负责同志担任副召集人，其他成员单位有关负责同志为联席会议成员（名单附后）。联席会议成员因工作变动需要调整的，由所在单位提出，联席会议确定。

联席会议办公室设在商务部，承担联席会议日常工作。联席会议设联络员，由各成员单位有关司局负责同志担任。

三、工作规则

联席会议根据工作需要定期或不定期召开会议，由召集人或副召集人主持。联席会议以纪要形式明确会议议定事项，经与会部门和单位同意后，印发有关方面并抄报国务院。重大事项按程序报批。

四、工作要求

各成员单位要按照职责分工，主动研究促进展览业改革发展有关问题，切实履行职责，认真贯彻落实联席会议确定的工作部署和任务。联席会议办公室要定期向有关单位收集工作进展情况，汇总后向各成员单位通报。各成员单位要相互支持，密切配合，形成合力，充分发挥联席会议作用。

促进展览业改革发展部际联席会议成员名单

召 集 人：高虎城　商务部部长
副召集人：房爱卿　商务部副部长
成　　员：王晓涛　发展改革委副主任
鲁　昕　教育部副部长
曹健林　科技部副部长
黄　明　公安部副部长
胡静林　财政部副部长
鲁培军　海关总署副署长
汪　康　税务总局副局长
甘　霖　工商总局副局长
孙大伟　质检总局副局长
阎晓宏　新闻出版广电总局（版权局）副局长
贾　楠　统计局副局长
贺　化　知识产权局副局长
王锦珍　贸促会副会长

广东省进一步促进展览业改革发展实施方案

（粤府〔2016〕25号）

为贯彻落实《国务院关于进一步促进展览业改革发展的若干意见》（国发〔2015〕15号）精神，加快推进我省展览业向专业化、国际化、品牌化和信息化方向转型发展，更好地服务我省经济社会发展全局，制订本实施方案。

一、总体要求和发展目标

（一）总体要求

全面贯彻落实党的十八大和十八届三中、四中、五中全会精神，按照党中央、国务院决策部署，牢固树立创新、协调、绿色、开放、共享发展理念，主动适应经济发展新常态，大力推进展览业市场化进程。坚持深化改革、科学发展、市场导向的原则，全面深化展览业管理体制改革，稳步有序放开展览业市场准入，建立公开公平、开放透明的市场规则，不断培育壮大市场主体，积极推动展览业与相关产业融合发展。

（二）发展目标

到2020年，基本建成结构优化、功能完善、基础扎实、布局合理、发展均衡的展览业体系。展览产业链资源进一步整合优化，贸易服务功能深度拓展，国际市场竞争能力逐步加强。培育集聚一批市场运作能力强、管理服务水平高的展览龙头企业。做强做大传统优势展会，发展壮大一批国内外知名的专业展览品牌。

二、深化展览业管理体制改革

（一）加快简政放权

根据国务院支持我省先行先试深化行政审批制度改革的部署，进一步简化展会审批环节，优化审批程序，取消省级商务主管部门负责的境内对外经济技术展览会办展项目审批，由商务部负责的有关办展项目审批条件和程序不变。完善有关操作细则，确保取消上述展会审批手续后与海关监管操作的衔接。进一步加强展览业事中事后监管，依托商务部“展览业管理信息系统”，完善展会信息采集和统计监测体系。（省商务厅、海关广东分署，列在首位的为牵头单位，其他为参与单位，下同）

（二）规范党政机关举办展会活动

制订我省党政机关境内举办展会活动管理实施细则，建立政府办展退出机制。加强对全省各类展会的清理和管理，减少财政出资和行政参与办展。推进市场化进程，加强专业化分工，逐步加大政府向社会购买服务力度，鼓励企业和专业机构根据市场需求办展，有效承接原由党政机关举办的各类展会活动。（省商务厅）

三、推动展览业创新发展

（一）推动展览业模式创新

加强云计算、大数据、物联网、移动互联等在展览业的应用，充分利用现代信息技术发展基于互联网的展览业态，探索网上展会等线上线下结合的展览商业新模式，促进虚拟展览与实体展览互动，扩大展览网上交易规模。加快形成与现代展览业相适应的组展组团方式及展位分配、招商宣传等新模式，提升展览业经营管理和服务水平。推进展馆管理体制改革和运营机制创新，兼顾公益性和市场原则，研究制订公开透明的展馆使用规则。（省商务厅、经济和信息化委）

（二）拓展展览内外贸功能

支持各类展会拓展业务范围，推动展会从以货物贸易为主向货物贸易与服务贸易、技术贸易并重转变，以交易为主向展览综合运作转变，以跨境贸易为主向内外贸相结合转变。引导企业加大进口展以及专业展中的国际参展商比例，强化展览促进进口功能，实现出口为主向出口进口并重。（省商务厅、贸促会）

（三）健全展览产业链

加强资源整合，以专业市场、商贸城等载体为平台，探索“展会＋基地＋交易”的模式，拓展展示交易功能。推动展会与我省优势产业和电子商务融合发展，通过“产业＋展会＋电商”模式，打造一批展览业与实体经济相结合的专业展会品牌。积极发展各类展览服务企业，建立以展览企业为龙头，金融、旅游、餐饮、策划、广告等行业为支撑和配套的产业集群。（省商务厅、经济和信息化委）

（四）提升国际化水平

加强与欧美发达国家展览业界的交流合作，积极引进国际知名展览品牌和配套服务企业，培育一批有国际影响力的本土展览品牌。推动中国进出口商品交易会、中国加工贸易产品博览会、中国国际中小企业博览会、广东21世纪海上丝绸之路国际博览会等重要对外经贸交流合作平台创新发展。支持国有资本与民营资本成立混合所有制的国际展览集团，打造一批在国内外有竞争力的龙头展览企业。积极开拓“一带一路”沿线国家和新兴市场国家展览市场，在相关国家重点城市、重点区域设立招商招展平台，发布展览信息并收集国际展会资讯。大力推动粤港粤澳展览业融合发展。（省商务厅、发展改革委、经济和信息化委、国资委、港澳办、贸促会）

四、优化展览业市场环境

（一）优化展览业规划布局

根据各地产业基础和资源禀赋，科学确定展览业发展定位，完善发展规划，防止展馆重复建设和盲目投资。完善展馆配套设施建设，推动展馆与周边区域一体化建设，加强与交通、商贸物流设施等规划的衔接。高标准建设一批国际化、现代化多功能会展中心，加强展馆间信息互通，完善馆展互动机制，提高展馆设施综合使用率。促进展览业领域技术创新，积极推动节能环保等新型材料在展览领域的应用。（省商务厅、住房城乡建设厅、交通运输厅）

（二）完善知识产权保护

提升对展会知识产权的创造、运用和保护水平，支持展览企业开发利用展会名称、标志、商誉等无形资产。按照展会主办方负责、政府监管、社会公众参与监督的原则，推动落实参展企业知识产权保护承诺制度，切实履行主体责任。完善重点企业知识产权展前审查和排查。创新监管手段，强化展会举办期间举报投诉和维权援助工作，重点完善展品商标侵权追溯和举报投诉受理处置机制。（省知识产权局、新闻出版广电局、工商局）

（三）提高展品通关便利化水平

提高展品出入境通关效率，对展品进出口提供24小时预约通关服务，按规定加快验放。积极引导培育省内重点展览企业成为海关高信用企业。复制推广自由贸易试验区海关监管创新经验，依托省内海关特殊监管区域和保税物流中心（B型），大力发展保税展示交易。对同一直属海关关区内不同时间、不同地区反复参展的货物，可按规定继续适用保税仓储政策。（海关广东分署）

（四）创新入境展品查验监管模式

对展览组织机构出具有效证明的展品实施提前申报、集中申报等便利措施，依法规范未获得检验检疫准入展品的管理。举办大型国际展览期间，通过在主要旅检口岸现场设立绿色通道、在展览现场设立检验检疫部门临时办公点等渠道，为参展人员和入境展品提供通关便利。支持在条件成熟的展览场所实施集中检验检疫。（广东、深圳、珠海出入境检验检疫局）

（五）加强行业诚信体系建设

推动建立全省展览机构信用档案，建设覆盖展览场馆、办展机构和参展企业的信用体系。加大对虚假宣传、商业欺诈等违法行为查处力度，建立完善对违法违规企业的信息披露制度，推动部门间监管信息共享，开展企业信用分类监管。（省商务厅、知识产权局、新闻出版广电局、工商局）

五、加强政策支持和引导

（一）加大财政支持力度

积极发挥财政资金的引导作用，按照政府扶持引导、企业市场化运作的方式，加大对展览企业支持，鼓励中小企业参加重点展会。统筹现有的内外经贸发展与口岸建设专项资金，通过扶持企业参展、加大对重点品牌展会支持力度等多种形式，大力推动我省展览业发展。（省财政厅、商务厅）

（二）落实税收优惠政策

认真落实国家促进展览业发展的税收优惠政策，对展会企业符合条件的创意和设计费用执行税前加计扣除政策。对符合条件的展会企业增值税小规模纳税人，执行小微企业增值税优惠政策。（省国税局、省地税局）

（三）拓宽金融服务渠道

完善融资担保体系，加大对展览企业资金募集支持力度。引导有实力的融资担保公司根据展览业特点设计产品，为办展机构、展览服务和参展企业提供融资服务。支持办展机构、展览服务机构、参展商在区域性股权交易市场注册挂牌，拓宽融资渠道。鼓励保险机构开发符合展览业特点的保险产品，探索展览责任保险、观展人员意外伤害保险、展品保险等新险种。（省金融办、人行广州分行、广东保监局）

六、完善公共服务体系

（一）建立健全行业标准

加强展览业标准体系建设，在展览品牌运营、管理服务等领域形成具有广东特色的标准。加快建立与国际接轨的展览业统计、分析和评价指标体系，综合运用多种渠道采集数据，完善检查分析制度，为展馆、办展机构和展览

服务企业发展提供基础数据支持。（省商务厅、质监局、统计局）

（二）加强人才培养与引进

健全政府、企业、高校三方人才培养和合作长效机制，培育适应市场需求的展览业复合型人才。完善人才规划和政策体系，积极营造良好的人才发展环境，大力引进具有国内外展会运作经验的高层次人才，建设全省展览组织策划专业人才储备库。（省人力资源社会保障厅、教育厅、商务厅）

（三）发挥行业组织作用

鼓励展览业行业组织开展规范化独立运作，拓展信息发布、人员培训、法律咨询等业务，探索制定展览组织机构和从业人员诚信准则，开展知识产权保护等行业自律管理。引入第三方中介机构对展览业经营主体及从业人员开展能力评定培训和管理等活动。支持行业组织与贸易促进机构等组织开展合作，依托贸易促进机构联系境外商贸组织的资源优势，为企业提供全方位的信息服务。鼓励展览业行业协会联合高校和科研院所开展展览业发展规律和趋势研究，提升其辅助决策功能。（省商务厅、人力资源社会保障厅、工商局、知识产权局、贸促会）

（四）加强展览安全管理

贯彻《广东省大型群众性活动安全管理办法》，坚持“承办方负责、政府部门监管”原则，推动展览业安全管理社会化、市场化和专业化运作。推动建立展览业安全管理工作统筹协调机制，督促行业协会制订完善相关安全规范和技术标准，积极组织开展展览业安全管理培训。（省公安厅、商务厅）

七、工作保障

（一）加强组织领导

省商务厅要牵头建立促进展览业发展的部门间工作协调机制，进一步明确部门职责分工，强化统筹协调，加强全省展览业发展战略、规划、政策等制订和实施工作，加强事中事后监管，健全公共服务体系。各地要根据实际及时完善促进展览业发展的相关工作机制。

（二）强化督促落实

各地要根据国务院部署和本实施方案要求，结合当地经济社会发展实际制订具体工作方案，并认真做好组织实施工作，省有关部门要抓紧研究细化配套政策和具体措施，确保各项任务落实到位。省商务厅要加强督促检查，及时总结评估展览业改革发展工作情况，重大情况及时报告省政府。

2016年广州会展业发展报告

Annual Report on Guangzhou Convention & Exhibition Industry Development 2016

附录

广州市会展业重点场馆

序号	展馆名称	启用时间	地址	场馆简介
1	中国进出口商品交易会展馆	2008 年	广州市海珠区阅江中路 382 号	一期展馆总建筑面积 110 万平方米，室内展厅总面积 33.8 万平方米，室外展场面积 4.36 万平方米。二期展馆总建筑面积 39 万平方米，占地面积 27.4 万平方米，室内展厅面积 12.8 万平方米，室外展场面积 1.36 万平方米
2	保利世贸博览馆	2008 年	广州市海珠区新港东路 1000 号	博览馆占地面积 28770 平方米，地上建筑面积 9.23 万平方米，拥有 6 个国际标准展厅及 1 个地铁展厅，层高 12 米，净高 9 米，可提供超过 6.5 万平方米的租用面积，容纳国际标准展厅 4020 个。另外，博览馆负一层与地铁琶洲站连通，将打造成世界美食城，占地 2 万平方米
3	中洲国际商务展示中心	2005 年	广州市海珠区新港东路 1066 号	中洲中心总面积 4 万平方米，完全满足 1500 个展位以下的中型展会；3000 平方米的入口大厅宏大宽敞，满足各种会展、大型营销策划活动的要求；内设多功能会议厅、高档西餐厅，各种展览配套设施齐全；负一层至四层的展厅，配置多个入口，分区灵活，适合举办规模不同的展览
4	南丰汇环球展贸中心	2012 年	广州市海珠区新港东路 618 号	南丰汇环球展贸中心地面 18 层，地下 3 层，总体建筑面积 13.6 万平方米，其中展览面积 3 万平方米。涵盖专业展馆、高端汽车展示、国际时尚购物、甲级写字楼、五星级酒店、专业展馆等多元化配套
5	广州白云国际会议中心	2007 年	广州市白云区白云大道南 1039 ~ 1045 号	占地面积 25 万平方米，总建筑面积 31.6 万平方米，主体建筑包括 2 号、3 号、4 号楼三栋会议展览演出中心和 1 号、5 号楼两座岭南东方酒店

2016年广州市10万平方米以上的展览名录

序号	展览名称	展览面积/万平方米	展会起止日期	展馆名称	主办单位/承办单位
1	第120届中国进出口商品交易会	118	10月15日—11月4日	中国进出口商品交易会展馆	中国对外贸易中心
2	第119届中国进出口商品交易会	118	4月15日—5月5日	中国进出口商品交易会展馆	中国对外贸易中心
3	第37届中国（广州）国际家具博览会	75	3月9—11日	中国进出口商品交易会展馆	中国对外贸易广州展览总公司
4	第十八届中国（广州）国际建筑装饰博览会	32	7月8—11日	中国进出口商品交易会展馆	中国对外贸易广州展览总公司
5	第23届广州酒店用品展览会；第23届广州清洁设备用品展览会；2016广州酒店食品及饮料展览会	27	12月12—14日	中国进出口商品交易会展馆	广东佛兴展览服务有限公司
6	第45届中国（广州）国际美博会（秋季）、首届国际移动电子商务博览会暨微商交易会	21	9月4—6日	中国进出口商品交易会展馆	广东省美容美发化妆品行业协会/广州佳美展览有限公司
7	第44届中国（广州）国际美博会（春季）、云商博览会	20	3月9—11日	中国进出口商品交易会展馆	广东省美容美发化妆品行业协会/广州佳美展览有限公司

（续上表）

序号	展览名称	展览面积/万平方米	展会起止日期	展馆名称	主办单位/承办单位
8	广州国际照明展览会；广州国际建筑电气技术展览会	19	6月9—12日	中国进出口商品交易会展馆	广州光亚法兰克福展览有限公司
9	第十四届中国（广州）国际汽车展览会	19	11月19—27日	中国进出口商品交易会展馆	广州展联展览服务有限公司
10	2016中国广州国际木工机械、家具配料展览会	13	3月9—11日	中国进出口商品交易会展馆	中国对外贸易广州展览总公司
11	2016中国（广州）国际专业灯光、音响展览会	12	2月29日—3月3日	中国进出口商品交易会展馆	广东国际科技贸易展览公司/法兰克福展览（香港）有限公司
12	中国国际中小企业博览会	10	10月10—13日	保利世贸博览馆	中国国际中小企业博览会事务局
13	广州国际汽车零部件及售后市场展览会	10	9月18—20日	保利世贸博览馆	广州中汽服务贸易有限公司
14	第24届广州博览会	10	8月26—29日	中国进出口商品交易会展馆	广州博览会组委会
15	2016中国（广东）国际旅游产业博览会	10	9月9—11日	中国进出口商品交易会展馆	广东省旅游局/广州岭南国际企业集团有限公司、广州广之旅国际旅游行业股份有限公司

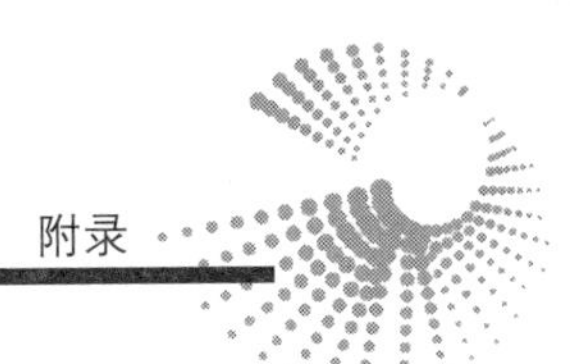

2016 年广州市主要展览名录

展会名称	展会日期	展馆名称	展会面积/平方米	主办单位/承办单位
2016 广州国际客车、公交车展览会；2016 广州国际电动物流车展览会；2016 广州国际智能网联汽车展览会；2016 广州国际智能交通及停车设备展览会；2016 广州国际快递产业展览会；2016 广州国际物流产业博览会；2016 广州国际生鲜配送及冷链物流展览会	12 月 28—30 日	保利世贸博览馆	8000	广州一流展览服务有限公司
2016 中国（广州）互联网 + 大数据技术应用博览会	12 月 26—29 日	保利世贸博览馆	5000	广东花城国际展览有限公司
第八届中国广州国际珠宝玉石首饰博览会；第八届中国广州国际工艺品艺术品收藏品及红木文化精品博览会；第八届中国古典红木精品及根雕展览会；第八届中国茶收藏；紫砂工艺与香文化展览会	12 月 23—26 日	中国进出口商品交易会展馆	9000	广东博昌展览服务有限公司
2016 一带一路国际时尚周	12 月 21—24 日	保利世贸博览馆	7500	福建三可传媒有限公司
2016 广州国际智能产业展览会（全智展）	12 月 21—23 日	保利世贸博览馆	5000	上海辉德展览服务有限公司

（续上表）

展会名称	展会日期	展馆名称	展会面积/平方米	主办单位/承办单位
2016 中国创新创业成果交易会之创新科技成果专项展	12 月 17—20 日	保利世贸博览馆	10000	广州市科技创新协会，广州国颂数字科技有限公司，广州华裔华商文化传播有限公司
2016 亚太（广州）健康呼吸博览会；2016 亚太（广州）智慧医疗博览会	12 月 17—19 日	保利世贸博览馆	10000	广州怡佳展览服务有限公司
2016 年工业爆炸与安全防护技术（广东）论坛；第八届全国防爆设备管理与安全技术研讨会暨工业爆炸与安全防护专业技术展览会	12 月 15—16 日	南丰国际会展中心	3000	苏州广电影视娱乐投资有限公司
第 23 届广州酒店用品展览会；第 23 届广州清洁设备用品展览会；2016 广州酒店食品及饮料展览会	12 月 12—14 日	中国进出口商品交易会展馆	270984	广东佛兴展览服务有限公司
2016 上海国际酒店用品博览会（广州）；上海高端食品饮料展（广州）；2016 国际餐饮及商业空间配套产品展；2016 广州健康原料、食品配料展；2016 广州国际健康与营养保健品展	12 月 12—14 日	保利世贸博览馆	49000	上海博华展览有限公司

（续上表）

展会名称	展会日期	展馆名称	展会面积/平方米	主办单位/承办单位
第七届中国广州国际海事贸易展览会暨论坛；2016首届海上丝绸之路沿线国家港口、航运、船舶产业发展大会暨展览会；2016首届中国南海海洋技术与工程展览会；2016首届中国船舶及海工装备机器人应用大会暨展览会	12月7—9日	保利世贸博览馆	18000	广州市奥驰展览服务有限公司
2016华南（广州）先进激光及加工应用技术展览会	12月7—9日	保利世贸博览馆	10000	上海镭赛文化传媒有限公司
第六届中国版权博览会	12月5—7日	中国进出口商品交易会展馆	20942	广东省版权局/广东腾南网络信息科技有限公司
广州国际文物博物馆版权交易博览会	12月5—7日	中国进出口商品交易会展馆	8000	广州瑾澜文化传播有限公司
2016中国家居业产业链合作微洽展	12月5—6日	南丰国际会展中心	3000	中家联家居文化产业（北京）有限公司
2016（第十一届）中国城镇水务发展国际研讨会与新技术设备博览会	12月4—10日	广州白云国际会议中心	10000	广州市水务局
第21届广州国际艺术博览会	12月2—5日	中国进出口商品交易会展馆	18770	广州艺时代展览策划有限公司
2016广州国际教育博览会	12月2—4日	中国进出口商品交易会展馆	7209	广州正和会展服务有限公司
广州国际设计周	12月2—4日	保利世贸博览馆	45200	广州市城博展览有限公司

（续上表）

展会名称	展会日期	展馆名称	展会面积/平方米	主办单位/承办单位
第八届广东工业设计展	12月2—4日	保利世贸博览馆	11300	广东省工业设计协会
2016第九届广州国际摄影影像器材展览会	12月2—4日	保利世贸博览馆	6000	广州市南博湾展览服务有限公司
2016广州国际互联网及电子商务交易会	12月1—3日	南丰国际会展中心	4000	广州市瑞展展览有限公司
第二十一届中国国际涂料油墨及粘合剂展览会暨第二十九届中国国际表面处理、涂装及涂料产品展览会	11月30日—12月2日	中国进出口商品交易会展馆	78538	新展星展览（深圳）有限公司/中贸推广—艾特怡国际有限公司
首届物业管理博览会	11月27—30日	保利世贸博览馆	7200	中国物业管理协会
2016中国（广州·冬季）婚博会	11月26—27日	保利世贸博览馆	43000	广州婚博会展有限公司
第七届广东现代农业博览会	11月25—28日	中国进出口商品交易会展馆	19824	广东省农业展览馆
2016秋季中国（广州）国际茶业博览会	11月24—28日	中国进出口商品交易会展馆	53350	广州益武国际展览有限公司
中国（广州）智慧农业与食品安全博览会；2016广州茶叶博览交易会	11月24—28日	南丰国际会展中心	6000	广州名牌食品产业促进会；广州市东华文化发展有限公司
2016广州国际环保展览会暨中国环博会创新创业大会	11月24—26日	中国进出口商品交易会展馆	16468	中贸慕尼黑展览（上海）有限公司
华艺国际2016秋季拍卖会	11月24—26日	南丰国际会展中心	4000	广州华艺国际拍卖有限公司

（续上表）

展会名称	展会日期	展馆名称	展会面积/平方米	主办单位/承办单位
2016中国国际网印及数字化印刷展；FESPA中国数码印刷展；中国国际纺织品印花展；中国国际包装技术设备展、纸业展	11月21—23日	保利世贸博览馆	33900	广州市特印展览服务有限公司
第十四届中国（广州）国际汽车展览会	11月19—27日	中国进出口商品交易会展馆	186213	广州展联展览服务有限公司
2016妈妈网“华南婴童节”广州孕婴童用品服饰展览会（第八届）	11月18—20日	中国进出口商品交易会展馆	9080	广东省孕婴童用品协会/广州新盟展览服务有限公司
广州国际中医药大健康博览会	11月18—20日	中国进出口商品交易会展馆	7246	广东尊圣中医药投资管理有限公司
第三十六届（2016秋季）全国摩托车及配件展示交易会	11月16—18日	保利世贸博览馆	45000	中国汽车工业配件销售有限公司
中国（广州）国际机器人、智能装备及制造技术展览会	11月15—17日	中国进出口商品交易会展馆	19895	国机智能科技有限公司
中国（广州）国际名酒展览会	11月13—15日	中国进出口商品交易会展馆	25589	广州科通展览有限公司
2016广州宠物文化节	11月12—14日	中国进出口商品交易会展馆	9880	北京长城国际展览责任有限公司
第三届中国国际老龄产业博览会	11月11—13日	保利世贸博览馆	22600	广州市保利锦汉展览有限公司
第20届中国国际宠物水族用品展览会	11月10—13日	中国进出口商品交易会展馆	86888	北京长城国际展览责任有限公司

（续上表）

展会名称	展会日期	展馆名称	展会面积/平方米	主办单位/承办单位
2016 新疆特色林果产品（广州）交易会	11 月 10—13 日	中国进出口商品交易会展馆	5212	新疆林果业发展协调领导小组办公室/广州市世展展览服务有限公司
第十六届全国秋季食品添加剂和配料展览会	11 月 9—11 日	中国进出口商品交易会展馆	9036	中国食品添加剂和配料协会
2016 第三届中国广州餐饮业食材及冷链配送展览会	11 月 9—11 日	南丰国际会展中心	4000	广州盈特倍肯展览有限公司
广州国际智慧交通产业博览会	11 月 8—10 日	中国进出口商品交易会展馆	25926	广东电动车商会/广州荣展展览服务有限公司
广州国际眼镜展览会	11 月 6—8 日	保利世贸博览馆	20000	广州市广百置业有限公司
2016 第十八届全国（广州）性文化、成人用品、保健品博览会	11 月 4—6 日	南丰国际会展中心	9000	广东共创经济发展有限公司
广州通用零部件及专业设备展暨 2016 广州紧固件专业展	11 月 1—3 日	保利世贸博览馆	15000	上海上搜展览有限公司
2016 第十六届广州国际箱包皮具手袋展览会；第十六届广州国际鞋类皮革鞋材鞋机展览会	11 月 1—3 日	保利世贸博览馆	10000	广州瑞鸿展览服务有限公司
YACA 万圣节动漫音乐节	10 月 29—30 日	南丰国际会展中心	10000	广州雅卡动漫设计有限公司
第 34 届广州（锦汉）家居用品及礼品展览会	10 月 21—27 日	保利世贸博览馆	79900	广州市保利锦汉展览有限公司

（续上表）

展会名称	展会日期	展馆名称	展会面积/平方米	主办单位/承办单位
第四十一届中国（广州）编织品、礼品及家居装饰品展览会	10月21—27日	南丰国际会展中心	15000	广州益武国际展览有限公司
第120届中国进出口商品交易会	10月15日—11月4日	中国进出口商品交易会展馆	1180000	中国对外贸易中心
2016第六届广州国际自行车电动车及新能源产业展览会；2016第三届广州国际摩托车及零部件展览会；2016第二届广州国际汽车零配件及用品展览会；2016广州国际轴承外贸出口展览会	10月15—17日	南丰国际会展中心	4000	广州乐佳展览策划有限公司
中国国际中小企业博览会	10月10—13日	保利世贸博览馆	100000	中国国际中小企业博览会事务局
2016中国国际漫画节动漫游戏展	10月1—5日	保利世贸博览馆	22600	广州市光合作用展览有限公司
“十一”南方国际车展	10月1—4日	保利世贸博览馆	11300	广东省汽车流通协会
2016第十三届TFC全球泛游戏大会暨智能娱乐展	9月28—29日	南丰国际会展中心	4000	北京上方传媒科技股份有限公司
2016亚洲电器博览会暨广州国际家用电器与消费电子博览会；第十二届广州国际热能新能源展	9月26—28日	中国进出口商品交易会展馆	28450	广东鸿威国际会展集团有限公司

（续上表）

展会名称	展会日期	展馆名称	展会面积/平方米	主办单位/承办单位
2016年广州国际制砖、砌块工业技术装备展；第二届广州国际砂石及尾矿与建筑废弃物处置技术与设备展	9月26—28日	中国进出口商品交易会展馆	6600	广东鸿威国际会展集团有限公司
2016（十一）广报白云国际车展	9月26日—10月4日	广州白云国际会议中心	20000	广州日报报业经营有限公司
特许连锁加盟展览会	9月23—25日	中国进出口商品交易会展馆	11607	广州富众展览有限公司
第二十四届京正·广州孕婴童产品博览会	9月23—25日	保利世贸博览馆	22600	北京京正国际展览有限公司
第三届广东省网络安全宣传周暨网络安全技术及成果展示会	9月23—25日	保利世贸博览馆	11000	广东鸿威国际会展集团有限公司
第八届广州国际医疗器械展览会	9月23—25日	南丰国际会展中心	4000	广州巴斯特会展有限公司
广东国际水族展暨华南宠物用品展览会	9月22—25日	中国进出口商品交易会展馆	15627	上海万耀企龙展览有限公司
中国（广州）智能装备暨机器人博览会	9月22—25日	中国进出口商品交易会展馆	6036	广东中德工信会展有限公司
FHW CHINA广州国际特色食品饮料展览会	9月22—24日	中国进出口商品交易会展馆	7230	广州世展米兰展览有限公司
广州国际模具展览会	9月20—22日	中国进出口商品交易会展馆	13859	广州光亚展览贸易有限公司
第十七届中国国际润滑油品及应用技术展览会	9月20—22日	中国进出口商品交易会展馆	11940	上海国际展览中心有限公司
广州国际汽车零部件及售后市场展览会	9月18—20日	保利世贸博览馆	100000	广州中汽服务贸易有限公司

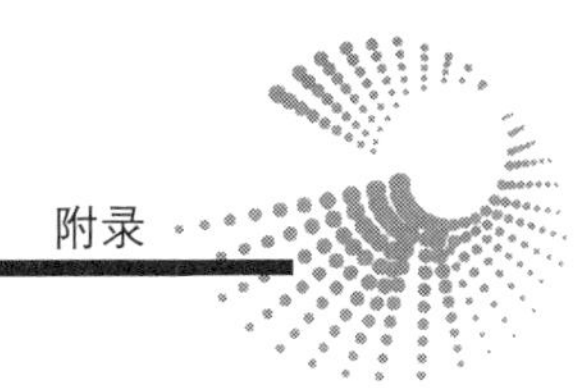

（续上表）

展会名称	展会日期	展馆名称	展会面积/平方米	主办单位/承办单位
第二届广州国际绿色建筑产业博览会；第二届广州国际木材工业博览会	9月12—14日	保利世贸博览馆	13000	广州市绿浪展览策划有限公司
2016中国（广州）国际健康保健产业博览会	9月9—11日	中国进出口商品交易会展馆	24040	广州振威国际展览有限公司
2016广州电子游戏国际产业展	9月9—11日	中国进出口商品交易会展馆	53325	广州市会展服务中心有限公司
2016广东国际体育用品博览会	9月9—11日	保利世贸博览馆	24600	广东恒和国际体育博览中心有限公司
2016华南电商博览会暨两岸三地跨境电商博览会	9月9—11日	保利世贸博览馆	20000	广州金明创展览策划有限公司、广州国展展览工程有限公司
2016广东国际旅游产业博览会暨第十四届广东国际酒店用品展览会	9月8—11日	中国进出口商品交易会展馆	84180	广州广之旅国际旅行社股份有限公司
第十二届2016广州国际高级音响展	9月7—11日	广州白云国际会议中心	3600	海润国际传媒
第45届中国（广州）国际美博会、首届国际移动电子商务博览会暨微商交易会	9月4—6日	中国进出口商品交易会展馆	209218	广东省美容美发化妆品行业协会/广州佳美展览有限公司
2016中国（广州·秋季）婚博会	9月3—4日	保利世贸博览馆	36000	广州婚博会展有限公司
第八届中国国际道路交通安全产品博览会	8月29—31日	保利世贸博览馆	22600	中国道路交通安全协会
第24届广州博览会	8月26—29日	中国进出口商品交易会展馆	100000	广州博览会组委会

（续上表）

展会名称	展会日期	展馆名称	展会面积/平方米	主办单位/承办单位
2016 第二届中国（广州）国际玻璃工业技术展览会	8 月 24—26 日	保利世贸博览馆	8000	广州瑞鸿国际服务有限公司
中国国际胶粘剂及密封剂展览会	8 月 24—26 日	保利世贸博览馆	20000	中国国际贸易促进委员会化工行业分会/北京时代化工展览服务公司
第八届迪培思广州秋季国际广告技术及 LED 展暨影像打印技术展览会；广州国际丝网及数字技术展览会；广州纺织品及服饰印花技术展览会	8 月 24—26 日	保利世贸博览馆	10000	广州市轩华展览有限公司
2016 南国书香节暨羊城书展	8 月 19—25 日	中国进出口商品交易会展馆	37740	广东新华发行集团股份有限公司
中国乳制品工业协会第二十二次年会暨第十六次乳品技术精品展示会	8 月 19—21 日	保利世贸博览馆	22000	中国国际旅行社总社有限公司
第十届中国广州环保产业、市容环境设备展览会；第十届中国广州国际空气净化及净水科技博览会	8 月 17—19 日	中国进出口商品交易会展馆	6572	广东博昌展览服务有限公司
第十三届广州国际汽车改装服务业展览会	8 月 14—16 日	保利世贸博览馆	40000	广州九州塔苏斯展览有限公司
YACA 夏季拉阔动漫画展	8 月 6—7 日	南丰国际会展中心	10000	广州雅卡动漫设计有限公司

（续上表）

展会名称	展会日期	展馆名称	展会面积/平方米	主办单位/承办单位
第23届中国国际汽车用品展览会	7月22—24日	中国进出口商品交易会展馆	47707	北京雅森国际展览有限公司/中国对外贸易广州展览总公司
2016第十五届广州国际广告标识展（秋季）	7月22—24日	保利世贸博览馆	14988	中国对外贸易广州展览总公司/广州交易会广告有限公司
2016广州进口·豪华汽车展	7月21—24日	保利世贸博览馆	10000	广东新快报媒体发展有限公司
Mipoli China2016第二届广州军民融合技术系列展	7月21—23日	南丰国际会展中心	3000	上海百恩展览服务有限公司
2016中国（广州）国际跨境电商展览会	7月20—22日	保利世贸博览馆	15000	广州市特印展览服务有限公司
中国（广州）国际新能源、节能及智能汽车展览会	7月15—18日	保利世贸博览馆	27000	广州中汽服务贸易有限公司
萤火虫动漫游戏嘉年华	7月15—18日	保利世贸博览馆	20000	广州市萤火虫文化传播有限公司
第十八届中国（广州）国际建筑装饰博览会	7月8—11日	中国进出口商品交易会展馆	324153	中国对外贸易广州展览总公司
中国（广州）国际建筑装饰博览会	7月8—11日	中国进出口商品交易会展馆	67800	中国对外贸易广州展览总公司
2016广州集成定制家居展览会；2016广州集成吊顶及天花材料展览会；2016广州墙纸布艺家居软装饰展览会；2016广州墙面材料及硅藻泥展览会	7月8—10日	南丰国际会展中心	6000	广州帝博展览服务有限公司

（续上表）

展会名称	展会日期	展馆名称	展会面积/平方米	主办单位/承办单位
第三届广州文化用品交易会	7月1—2日	保利世贸博览馆	10000	广州文具行业协会
2016广州国际大食品博览会	6月29日—7月1日	中国进出口商品交易会展馆	28238	广州市艺帆展览服务有限公司
2016广州国际大健康博览会	6月29日—7月1日	中国进出口商品交易会展馆	17716	广州市艺帆展览服务有限公司
第五届中国广州国际食品食材展览会	6月2—5日	保利世贸博览馆	22600	中国国际贸易促进委员会广州市委员会
2016广州光合国际佛事用品展览会；香文化博览会	6月24—27日	保利世贸博览馆	11300	广州市光合作用展览有限公司
2016中国（广州）国际金融交易·博览会	6月24—26日	中国进出口商品交易会展馆	36919	广州金交会投资管理有限公司
2016广州高端生活方式博览会	6月24—26日	保利世贸博览馆	10000	广州正和会展服务有限公司
2016中国（广州·夏季）婚博会	6月18—19日	保利世贸博览馆	40000	广州博万会展有限公司
2016广州国际智慧显示与触控技术；2016广州国际数字感知大会暨展览会	6月13—15日	保利世贸博览馆	10000	上海韩好会展服务中心
2015广州国际金属暨冶金工业展览会	6月12—14日	中国进出口商品交易会展馆	9036	广州巨浪展览策划有限公司
第21届广州国际照明展览会；第13届广州国际建筑电气技术展览会	6月9—12日	中国进出口商品交易会展馆	188243	广州光亚法兰克福展览有限公司

（续上表）

展会名称	展会日期	展馆名称	展会面积/平方米	主办单位/承办单位
2016第十四届中国（广州）国际汽车用品、零部件、汽车空调、保修检测诊断设备及汽车改装、汽车制造设备展览会；2016第七届广州国际新能源汽车工业展览会；2016第九届广州国际润滑油品及技术设备展览会；2016第二届广州国际锂电新能源、充电站（桩）技术设备、天然气汽车及加气站设备展览会；2016广州国际道路运输、城市公交车辆、改装车暨房车、旅居车、礼宾车及零部件展览会	6月8—10日	保利世贸博览馆	11300	广州一流展览服务有限公司
广州国际电线电缆及附件展览会	6月6—8日	中国进出口商品交易会展馆	12302	广州光亚法兰克福展览有限公司
广州国际电力电工及输配电技术设备展览会	6月6—8日	中国进出口商品交易会展馆	6363	广州博优会展服务有限公司
2016全国学前教育发展大会（展览+论坛）	6月3—5日	保利世贸博览馆	10000	广州市万博教育服务有限公司
广州国际鞋类皮革及设备博览会	6月1—3日	中国进出口商品交易会展馆	37794	广州显辉展览服务有限公司
中国（广州）国际消防安全展览会；中国（广州）国际安全生产及防护用品展览会	6月13—15日	保利世贸博览馆	20000	广州立升展览服务有限公司；广州宜思惠安全科技有限公司
亚太（广州）健康呼吸博览会	5月30日—6月1日	保利世贸博览馆	8000	广州怡佳展览服务有限公司

（续上表）

展会名称	展会日期	展馆名称	展会面积/平方米	主办单位/承办单位
2016 中国国际陶瓷技术装备及建筑陶瓷卫生洁具产品展览会	5 月 27—30 日	中国进出口商品交易会展馆	73606	北京建展科技发展有限公司
2016 中国（广州）国际教育博览会	5 月 27—29 日	保利世贸博览馆	10000	广州正和会展服务有限公司
2016 广州国际纺织品印花工业技术展览会	5 月 27—29 日	保利世贸博览馆	15000	广州浩瀚资讯传播有限公司
2016 中国创新创业成果交易会	5 月 27—28 日	中国进出口商品交易会展馆	21171	广州市科学技术协会
2016 春季中国（广州）国际茶业博览会	5 月 26—30 日	中国进出口商品交易会展馆	35801	广州益武国际展览有限公司
2016 广州国际智慧物流装备展；2016 中国（广州）国际物流装备与技术展览会；2016 广州国际品牌叉车及配件展览会	5 月 26—28 日	中国进出口商品交易会展馆	19870	广州巴斯特展览有限公司
第七届广州国际装备制造业展览会；第七届广州国际机床模具展览会	5 月 25—27 日	中国进出口商品交易会展馆	8057	广州金诺展览有限公司
2016 中国广州酒店餐饮业供应商博览会暨餐饮食材、水材冻品、餐饮设备、商业信息化展览会	5 月 20—22 日	中国进出口商品交易会展馆	14069	广州浩联展览有限公司
中国（广州）国际名酒展览会	5 月 20—22 日	中国进出口商品交易会展馆	25461	广州科通展览有限公司
2016 第二十届中国烘焙展览会	5 月 20—22 日	中国进出口商品交易会展馆	59272	北京中连鼎和烘焙食品技术有限公司

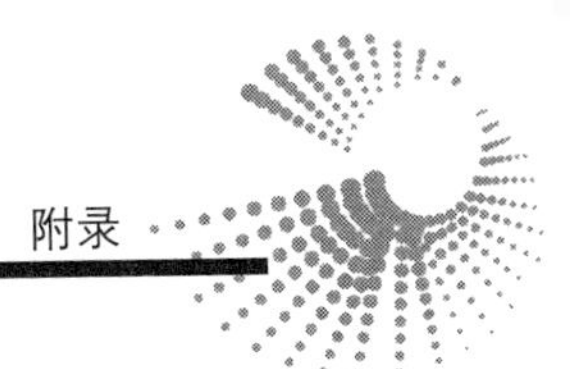

（续上表）

展会名称	展会日期	展馆名称	展会面积/平方米	主办单位/承办单位
第21届广州国际艺术博览会	5月19—22日	中国进出口商品交易会展馆	10250	广州艺时代展览策划有限公司
第十三届广州国际制浆造纸工业展览会；第十三届中国广州国际纸业展览会；第二届广州国际造纸化学品展览会；2016广州国际食品包装设计+选材展览会	5月19—21日	保利世贸博览馆	10000	广州市奥驰展览服务有限公司
2016广州住博会；2016住宅产业博览会	5月13—15日	保利世贸博览馆	30000	广东鸿威国际会展集团有限公司
2016广州国际空调与洁净科技博览会	5月13—15日	保利世贸博览馆	10000	广东鸿威国际会展集团有限公司
广州海外房产、移民留学、金融、高端医疗及有机食品展览会	5月6—8日	南丰国际会展中心	3000	广州会多展览有限公司
五一汽车展	5月1—3日	保利世贸博览馆	23000	广东省汽车流通协会
AC－JOY动漫游戏嘉年华	4月30日—5月2日	保利世贸博览馆	15000	广州市光合作用展览有限公司
YACA五一动漫盛装嘉年华	4月30日—5月1日	中洲国际商务展示中心	15050	广州市欧迈展览服务有限公司
2016（五一）广报白云国际车展	4月24日—5月3日	广州白云国际会议中心	10000	广州日报报业经营有限公司
第四十一届广州编织品、礼品及家居装饰品展览会	4月21—28日	南丰国际会展中心	35000	广州益武国际展览有限公司
第三十三届广州（锦汉）家居用品及礼品展览会	4月21—27日	保利世贸博览馆	79900	广州市保利锦汉展览有限公司

（续上表）

展会名称	展会日期	展馆名称	展会面积/平方米	主办单位/承办单位
2016第三届广州国际3D打印产业展览会	4月15—18日	南丰国际会展中心	4000	广州里外展览策划有限公司
第119届中国进出口商品交易会	4月15日—5月5日	中国进出口商品交易会展馆	1180000	中国对外贸易中心
第28届广州国际玩具及模型展览会；第7届广州童车及婴童用品展览会	4月8—10日	保利世贸博览馆	67800	广州力通展览服务有限公司
第19届广州阀门管件和流体技术展览会	3月31日—4月2日	保利世贸博览馆	10000	广州流体展览有限公司
广州国际水处理技术与设备展览会（广东水展）	3月31日—4月2日	保利世贸博览馆	16000	上海荷瑞会展有限公司
广州国际分析测试及实验室设备展览会暨技术研讨会	3月31日—4月2日	保利世贸博览馆	14000	国药励展展览有限责任公司
2016（广州）国际电子商务博览会	3月30日—4月1日	保利世贸博览馆	22600	广州网冠展览有限公司
2016广州国际木工机械及配件展览会	3月27—30日	南丰国际会展中心	6000	广州市瑞展展览有限公司
中国（广州）衣柜展览会	3月26—28日	保利世贸博览馆	30000	广州博骏家居科技有限公司
第七届中国（广州）门业博览会	3月26—28日	保利世贸博览馆	22600	广东省门业协会
广州国际康复设备展览会；广州国际家用医疗及康复护理展览会；广州国际福祉辅具展览会	3月25—27日	保利世贸博览馆	10000	广州市金晔展览有限公司

（续上表）

展会名称	展会日期	展馆名称	展会面积/平方米	主办单位/承办单位
2016 广州国际水处理展	3 月 22—26 日	南丰国际会展中心	12000	北京智汇清源网络信息技术有限公司
中国（广州）国际家具博览会	3 月 18—21 日	中国进出口商品交易会展馆	67800	中国对外贸易广州展览总公司
2016 中国广州第 21 届国际电视购物博览会	3 月 16—19 日	南丰国际会展中心	6000	广州佳的文化传媒有限公司
2016 广州国际儿童产业博览会	3 月 12—15 日	南丰国际会展中心	6000	广州欧比会展服务有限公司
2016 中国（广州·春季）婚博会	3 月 12—13 日	保利世贸博览馆	40000	广州博万会展有限公司
第 44 届中国（广州）国际美博会、云商博览会	3 月 9—11 日	中国进出口商品交易会展馆	198391	广东省美容美发化妆品行业协会/广州佳美展览有限公司
2016 广州国际游戏博览会暨广州电玩游艺设备展	3 月 9—11 日	中国进出口商品交易会展馆	50641	广东鸿威国际会展集团有限公司
2016 第十三届广州国际休闲娱乐产业博览会	3 月 9—11 日	中国进出口商品交易会展馆	20414	广东鸿威国际会展集团有限公司
第 37 届中国（广州）国际家具博览会（民用家具）	3 月 9—11 日	中国进出口商品交易会展馆	336688	中国对外贸易广州展览总公司
第 37 届中国（广州）国际家具博览会——办公环境展	3 月 9—11 日	中国进出口商品交易会展馆	206592	中国对外贸易广州展览总公司
2016 中国广州国际木工机械、家具配料展览会	3 月 9—11 日	中国进出口商品交易会展馆	132722	中国对外贸易广州展览总公司

（续上表）

展会名称	展会日期	展馆名称	展会面积/平方米	主办单位/承办单位
广州国际工业自动化展览会	3月8—10日	中国进出口商品交易会展馆	32726	中国对外贸易广州展览总公司
2016年门窗幕墙博览会	3月8—10日	保利世贸博览馆	67800	广州市城博展览有限公司
2016华南国际口腔医疗器材展览会	3月2—5日	中国进出口商品交易会展馆	51967	广东国际科技贸易展览公司
第十三届中国（广州）国际乐器展览会	3月2—5日	中国进出口商品交易会展馆	28366	广东国际科技贸易展览公司
第二十三届华南国际印刷工业展览会	3月2—4日	中国进出口商品交易会展馆	29034	中国对外贸易广州展览总公司
2016中国国际标签印刷技术展览会	3月2—4日	中国进出口商品交易会展馆	18542	中国对外贸易广州展览总公司
第二十三届中国国际包装工业展览会、中国国际啤酒、饮料及液态包装工业展览会	3月2—4日	中国进出口商品交易会展馆	28321	雅式展览服务公司/北京雅式展览服务有限公司
广州演艺设备、智能声光产品技术展览会	3月1—4日	保利世贸博览馆	67800	广州市高效展览有限公司
2016中国（广州）国际专业灯光、音响展览会	2月29日—3月3日	中国进出口商品交易会展馆	122417	广东国际科技贸易展览公司/法兰克福展览（香港）有限公司
广州国际物联网技术及产品应用展	2月29日—3月3日	南丰国际会展中心	3000	广州景域展览策划有限公司
2016年广州国际旅游展览会	2月25—27日	中国进出口商品交易会展馆	26764	汉诺威米兰展览（上海）公司
第三十二届广州特许连锁加盟展览会；第16届广州投融资理财金融博览会	2月25—27日	中国进出口商品交易会展馆	7072	广州富众展览有限公司

（续上表）

展会名称	展会日期	展馆名称	展会面积/平方米	主办单位/承办单位
2016 广州国际车用装备展览会暨第 13 届广州国际车用空调及设备展览会	2 月 25—27 日	中国进出口商品交易会展馆	9820	广州巴斯特展览有限公司
2016 广州国际 LED 展览会	2 月 24—27 日	中国进出口商品交易会展馆	37613	广州交易会广告有限公司/中国对外贸易广州展览总公司
2016 广州国际广告标识展览会	2 月 24—27 日	中国进出口商品交易会展馆	44476	广州交易会广告有限公司/中国对外贸易广州展览总公司
2016 年迪培思广州国际广告标识展览会；2016 迪培思广州网印及纺织品印花技术展览会	2 月 23—26 日	保利世贸博览馆	67800	广州市轩华展览有限公司
2016 澳门·广州缤纷产品展	1 月 15—17 日	保利世贸博览馆	10000	澳门贸易投资促进局/广州市光合作用展览有限公司
首届全球新能源汽车大会（广州）交易展览	1 月 15—17 日	保利世贸博览馆	11300	北京智电未来信息科技有限公司
2016 广州购物节暨江西省地方特色商品（广东）展销会	2015 年 12 月 25 日—2016 年 1 月 3 日	流花展馆南广场	9000	广州商务会展促进服务中心